JOSEPH RABIE

KVT
ZUR BEWÄLTIGUNG
VON STRESS
UND ANGST

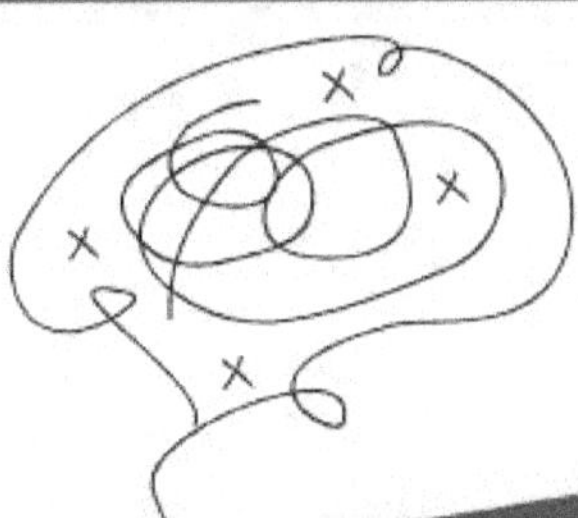

12-WÖCHIGES KOGNITIV-VERHALTENSTHERAPEUTISCHES PROGRAMM

Inhaltsverzeichnis

Einleitung:

L das Herz, das bricht, die Gedanken, die wirbeln, eine Kugel im Magen... Stress und Angst laden sich heimtückisch in unser Leben ein und nagen an unserer Freude und Energie. Sie berauben uns unseres Schlafes, sabotieren unsere Beziehungen und hindern uns daran, in vollen Zügen zu leben. Angst ist eine normale Reaktion des Körpers auf Stress oder eine wahrgenommene Bedrohung. Sie äußert sich in Gefühlen von Angst, Unruhe und Besorgnis. Obwohl Angst in bestimmten Situationen von Vorteil sein kann, wie wir später sehen werden, kann sie problematisch werden, wenn sie übermäßig oder unkontrollierbar ist.

Im Laufe meiner Karriere habe ich Hunderte von Patienten getroffen, die mit Angstzuständen in all ihren Formen zu kämpfen haben: Panikattacken, Phobien, Zwangsstörungen, generalisierte oder arbeitsbedingte Angstzustände oder soziale Beziehungen... Diese Menschen erlebten jeden Tag die Hölle. Einige hatten ihr Studium, ihre Arbeit aufgegeben; andere fühlten sich gefangen in Routinen, die sie daran hinderten, ein normales Leben zu führen oder erfüllende Beziehungen aufzubauen. Ich erinnere mich noch an Lou, die bei dem Gedanken, ihr Haus zu verlassen, erstarrt war, weil sie überzeugt war, dass eine unmittelbare Gefahr auf sie wartete; an Marc, der aus wiederkehrender Angst vor Mikroben blutete; oder an Claire, die, von ständigen Zweifeln geplagt, 50 Mal überprüfte, ob sie das Gas richtig geschlossen hatte, bevor sie ihre Wohnung verließ... Ich habe auch ihre immense Erleichterung oder sogar Wiedergeburt erlebt, als sie sich dank einer gezielten Therapie, der sogenannten kognitiven Verhaltenstherapie, von diesen Fesseln befreiten.

Wahrscheinlich haben Sie dieses Buch gekauft, weil Sie selbst unter Angstzuständen oder damit verbundenen Störungen leiden – oder jemand aus Ihrem Umfeld leidet täglich unter dieser Tortur. Unabhängig davon, welche Form diese invasive Angst annimmt (Phobien, Zwänge, Panikattacken...), möchte ich Ihnen zunächst Folgendes sagen: Sie sind nicht allein. In Frankreich sind zwischen 8 und 12% der Bevölkerung in unterschiedlichem Maße von diesen Beschwerden betroffen. Überall auf der Welt sind Angst und Depression die Hauptgründe für eine Beratung in der Psychiatrie. Im Laufe meiner Karriere habe ich in meiner Praxis Hunderte von Menschen aller Altersgruppen und

Hintergründe empfangen, die dachten, sie hätten keine andere Wahl mehr, als sich zu unterziehen. Was diese Menschen jedoch nicht wissen, ist, dass es wirksame Lösungen gibt, um sich von diesen psychischen Störungen zu befreien. Ja, mit einer bewährten Methode - der kognitiven Verhaltenstherapie - können Ängste wirklich und nachhaltig geheilt werden.

Die KVT, die seit fast 40 Jahren wissenschaftlich validiert ist und auf den jüngsten Fortschritten in der Neurowissenschaft basiert, wird heute von der WHO als Erstlinientherapie bei Angststörungen empfohlen. Seine Ergebnisse sind so überzeugend wie einige Medikamente, vor allem auf lange Sicht, mit Remissionsraten von über 70% je nach Studie. Erfahren Sie auf den Seiten dieses Buches, wie KVT hilft, irrationale Ängste zu entschärfen, die Gehirnmechanismen, die Angst verursachen, zu umgehen und Ihre automatischen Reaktionen auf Stress tiefgreifend zu verändern. Mit praktischen Übungen und einer Schritt-für-Schritt-Anleitung erlangen Sie nach und nach die Kontrolle über Ihre Gedanken, Emotionen und Ihr Dasein zurück.

Ihr 12-Wochen-Programm!

Im letzten Teil des Buches finden Sie Ihr 12-Wochen-Programm, das Ihren Umgang mit Angst und Stress buchstäblich verändern wird. Unabhängig von der oder den Formen, die Ihre Störungen annehmen (generalisierte Angstzustände, Phobien, ZWANGSSTÖRUNGEN, Panikstörungen...), hat sich dieses kognitive und verhaltensbezogene Programm bei mehr als 70% der Patienten gemäß den Studien als signifikante Remission oder sogar vollständige Genesung erwiesen.

Warum 12 Wochen? Weil dies die empfohlene Standarddauer ist, um tiefgreifende und dauerhafte Veränderungen der psychologischen Mechanismen zu beobachten, die Ihre Angst aufrechterhalten. Wir werden Ihre dysfunktionalen Denkmuster, automatischen Stressreaktionen und Vermeidungsstrategien buchstäblich umprogrammieren.

Ja, es ist möglich, einem ganzen Leben der Angst den Rücken zu kehren und eine neue Freiheit zu genießen! Dieser Leitfaden führt Sie dorthin. Dann fassen Sie Mut und begeben Sie sich jetzt auf den Weg zu Ihrer Genesung!

Teil 1: Angst und Stress verstehen

Kapitel 1: Definitionen und Mechanismen.

Lassen Sie uns in die tiefen Gewässer der Angst und des Stresses eintauchen und die subtilen Nuancen erkunden, die sie auszeichnen. Lassen Sie uns die Geheimnisse der physischen und psychologischen Manifestationen entdecken, die sie begleiten, und tauchen Sie ein in die Mäander des Gehirns, um die komplexen Mechanismen zu verstehen, die diesen Geisteszuständen zugrunde liegen. Bereiten Sie sich auf ein spannendes Abenteuer vor, bei dem Wissen mit Entdeckungen verschmilzt, um unseren Weg zu einem tieferen Verständnis von uns selbst zu beleuchten.

Unterschied Angst/Stress.

Im Laufe der Evolution hat Stress eine entscheidende Rolle für das Überleben des Menschen gespielt, indem er es ihm ermöglichte, schnell auf die Gefahren und Bedrohungen seiner Umwelt zu reagieren. Als unsere Vorfahren in Höhlen lebten, war Stress ein wertvoller Verbündeter, der ihnen half, wachsam zu bleiben und effektiv auf Raubtiere und potenzielle Gefahren zu reagieren. Diese durch Stress ausgelöste "Kampf-oder-Flucht" -Reaktion war entscheidend für ihr Überleben und ihre Sicherheit.

Beispiel: Stellen Sie sich eine Gruppe prähistorischer Menschen vor, die in der Savanne jagen. Plötzlich taucht ein Löwe aus den Büschen auf und bedroht die Sicherheit der Gruppe. Angesichts dieser drohenden Bedrohung reagiert der Körper prähistorischer Menschen sofort auf Stress. Ihre Pupillen erweitern sich, um das Sehvermögen zu verbessern, ihre Herzen schlagen schneller, um die Muskeln mit mehr Sauerstoff zu versorgen, und ihr Verdauungssystem verlangsamt sich, um Energie zu sparen. Diese physiologischen Reaktionen ermöglichen es Männern, wachsam zu bleiben und schnell zu reagieren, um ihr Überleben zu sichern. Stress spielt eine entscheidende Rolle, indem er uns hilft, wachsam zu bleiben und schnelle Entscheidungen zu treffen, um Gefahren zu vermeiden. Ohne diese Stressreaktion sind sie möglicherweise nicht in der Lage, effektiv auf eine Gefahr zu reagieren und unser Leben in Gefahr zu bringen.

Übergang zur Angst: In der modernen Welt kann Stress jedoch kränklich werden, wenn er sich in chronische Angst verwandelt. Während akuter, kurzzeitiger Stress von Vorteil sein kann, kann chronischer, anhaltender Stress negative Auswirkungen auf die geistige und körperliche Gesundheit haben. Wenn Stress chronisch wird, kann dies zu einer längeren Aktivierung des Stressreaktionssystems führen, was zu Angststörungen führen kann.

Warum wird chronischer Stress ängstlich? Chronischer Stress kann sich aufgrund mehrerer Faktoren zu Angstzuständen entwickeln. Erstens kann eine längere Stressbelastung zu einer Desensibilisierung der Rezeptoren für das Stresshormon Cortisol führen, was zu einer Dysregulation der Stressreaktion führen kann. Darüber hinaus können Ungleichgewichte in Neurotransmittern wie Serotonin und GABA ebenfalls zur Entwicklung von Angstzuständen beitragen.

Der Unterschied zwischen Angst und Stress

Der Unterschied zwischen Angst und Stress liegt vor allem in ihrer Art und Herkunft.

Stress: Stress ist eine normale Reaktion des Körpers auf eine Situation, die als Bedrohung oder Druck empfunden wird. Dies kann eine Reaktion auf externe Ereignisse wie Termine bei der Arbeit, familiäre Probleme oder persönliche Herausforderungen sein. Der Stress ist in der Regel von kurzer Dauer und verschwindet, sobald die Stresssituation gelöst ist.

Stressbeispiel:
➢ **Situation:** Sie sind zu spät zu einem wichtigen Termin.   ➢ **Gedanken:** "Ich komme zu spät." "Ich werde angeschrien." "Ich werde meinen Job verlieren."   ➢ **Emotionen:** Unruhe, Nervosität, Ungeduld.   ➢ **Körperliche Manifestationen:** Erhöhte Herzfrequenz, Schwitzen, Muskelverspannungen.

Angst: Angst hingegen ist eine intensivere und länger anhaltende Reaktion. Sie ist gekennzeichnet durch anhaltende Besorgnis, ein Gefühl der Besorgnis und Nervosität, oft ohne ersichtlichen Grund. Angst kann allgemeiner sein und nicht an eine bestimmte Situation gebunden sein. Sie kann auch von körperlichen

Symptomen wie Kopfschmerzen, Müdigkeit, Schlafstörungen und Muskelverspannungen begleitet sein.

<table>
<tr><td>Angstbeispiel:</td></tr>
</table>

> - **Situation:** Sie müssen nächste Woche eine wichtige Prüfung ablegen.
> - **Gedanken:** "Ich werde scheitern." "Ich bin ein Idiot in ..." "Ich werde von mir selbst enttäuscht sein."
> - **Emotionen:** Unruhe, Angst, Nervosität, Unruhe.
> - **Körperliche Manifestationen:** Schlafstörungen, Kopfschmerzen, Müdigkeit, Konzentrationsschwierigkeiten.

Der Hauptunterschied: Der Hauptunterschied zwischen Stress und Angst liegt in ihrem Ursprung und ihrer Dauer. Stress ist in der Regel eine Reaktion auf eine äußere und kurzlebige Situation, während Angst eher innerlich ist, oft ohne erkennbare Ursache, und möglicherweise anhaltender ist.

- Angst ist oft mit erwarteten Ereignissen verbunden, während Stress in der Regel durch aktuelle Situationen verursacht wird.
- Die Angst kann chronisch sein, während der Stress meist akut ist.
- Angst kann sich in Symptomen äußern, die intensiver und vielfältiger sind als Stress.

Die Ähnlichkeiten?

- Sowohl Angst als auch Stress können sich negativ auf das körperliche und seelische Wohlbefinden auswirken.
- Beide können mit Entspannungs- und Stressbewältigungstechniken behandelt werden.
- In einigen Fällen können Angst und Stress eine Therapie oder medikamentöse Behandlung erfordern.

Das Verständnis der Unterschiede zwischen Angst und Stress ist entscheidend, um die Quelle Ihrer Schwierigkeiten zu identifizieren und die am besten geeignete Behandlung zu wählen.

Wir dürfen nicht vergessen, dass Stress und Angst normale menschliche Erfahrungen sind und dass jeder sie irgendwann in seinem Leben spüren kann. Wenn der Stress oder die Angst jedoch überwältigend wird oder den Alltag stört, empfiehlt es sich, einen Psychiater um Hilfe und Beratung zu bitten.

Physische und psychische Manifestationen:

Angst und Stress können sich auf unterschiedliche Weise manifestieren, sowohl physisch als auch psychisch.

1. Stress

> **Muskelverspannungen:** Stress kann zu Muskelverspannungen führen, insbesondere im Nacken, in den Schultern und im Rücken.
>
> **Kopfschmerzen:** Spannungskopfschmerzen treten bei Stress häufig auf und können als Engegefühl oder Druck um den Kopf empfunden werden.
>
> **Verdauungsprobleme:** Stress kann die normale Funktion des Verdauungssystems stören und zu Magenverstimmung, Blähungen oder Durchfall führen.
>
> **Müdigkeit:** Chronischer Stress kann auch nach ausreichender Ruhe zu anhaltender Müdigkeit führen.

2. Angst

> **Herzklopfen:** Angst kann zu beschleunigtem Herzschlag, Herzklopfen oder starken Herzschlaggefühlen führen.
>
> **Kurzatmigkeit:** Ängstliche Menschen können auch ohne körperliche Aktivität ein Gefühl von Kurzatmigkeit oder Atembeschwerden verspüren.
>
> **Schwitzen:** Angst kann zu übermäßigem Schwitzen führen, insbesondere an den Handflächen, den Achseln und der Stirn.
>
> **Zittern:** Bei manchen ängstlichen Menschen kann es zu unkontrollierbarem Zittern kommen, insbesondere in den Händen.

Psychologische Manifestationen von Stress und Angst:

1. Stress

> **Reizbarkeit:** Stress kann eine Person reizbarer machen, was sich auf ihre Beziehungen zu anderen auswirken kann.

- ➤ **Konzentrationsschwierigkeiten:** Stress kann zu einer Abnahme der Konzentration und der Fähigkeit führen, sich auf Aufgaben zu konzentrieren.
- ➤ **Überlastungsgefühl:** Gestresste Menschen können sich von ihrer Verantwortung überwältigt fühlen und Schwierigkeiten haben, mit ihrer Arbeitsbelastung umzugehen.
- ➤ **Schlaflosigkeit:** Stress kann den Schlaf stören, was zu Einschlafschwierigkeiten, häufigem Aufwachen oder nicht erholsamem Schlaf führen kann.

2. Angst

- ➤ **Übermäßige Besorgnis:** Angst ist gekennzeichnet durch übermäßige und anhaltende Besorgnis über zukünftige Situationen, auch wenn sie unwahrscheinlich sind.
- ➤ **Angst und Panik:** Ängstliche Menschen können irrationale Ängste oder plötzliche Panikattacken erleben, oft begleitet von intensiven körperlichen Symptomen.
- ➤ **Gefühle der drohenden Gefahr:** Angst kann den Eindruck erwecken, dass eine drohende Gefahr oder eine drohende Katastrophe unmittelbar bevorsteht, auch wenn keine reale Bedrohung vorliegt.
- ➤ **Vermeidung:** Um mit ihrer Angst umzugehen, können manche Menschen Situationen oder Orte meiden, die ihre Angst auslösen, was zu einer Verschlechterung der Lebensqualität führen kann.

Fazit: Die physischen und psychischen Manifestationen von Stress und Angst können von Person zu Person variieren und können durch verschiedene Faktoren wie Persönlichkeit, vergangene Erfahrungen und Umweltfaktoren beeinflusst werden. Das Erkennen dieser Manifestationen ist entscheidend, um Stress und Angstzustände effektiv zu erkennen und zu bewältigen.

Gehirnmechanismen beteiligt.

Die Mechanismen des Gehirns, die an Stress und Angst beteiligt sind, sind komplex und umfassen mehrere Hirnregionen sowie spezifische Neurotransmitter. Hier ein vereinfachter Überblick über diese Mechanismen mit einem konkreten Beispiel aus dem Alltag:

Situation: Marie steht kurz vor einem Vorstellungsgespräch für eine sehr begehrte Position. Sie fühlt sich nervös und ängstlich bei dem Gedanken an diese wichtige Begegnung.

Beteiligte Hirnmechanismen:

1. Die Amygdala:

➤ *Funktion:* Die Amygdala ist eine Schlüsselregion des Gehirns, die an der Verarbeitung von Emotionen, insbesondere Angst und Angst, beteiligt ist.

➤ *Implikation:* Im Fall von Marie wird ihre Amygdala als Reaktion auf den Stress des Gesprächs überaktiv. Dies kann eine Angst- oder Angstreaktion auslösen, die zu seinen Nervositätsgefühlen beiträgt.

2. Der Hypothalamus:

➤ *Funktion:* Der Hypothalamus reguliert Emotionen und Stressreaktionen.

➤ *Implikation:* Die Amygdala sendet Signale an Maries Hypothalamus und löst so die Freisetzung von Stresshormonen wie Cortisol in ihren Blutkreislauf aus, wodurch ihr Angstzustand verstärkt wird.

3. Kortex, präfrontaler

➤ *Funktion:* Der präfrontale Kortex reguliert Emotionen und Verhaltensweisen.

➤ *Implikation:* In Stresssituationen wie der von Marie kann ihr präfrontaler Kortex weniger aktiv sein, was ihre Fähigkeit beeinträchtigen kann, ihre Emotionen zu regulieren und rationale Entscheidungen über das Gespräch zu treffen.

4. Neurotransmitter:

- ➤ ***Noradrenalin und Serotonin:*** An der Regulierung von Stimmung und Stress beteiligt, können Ungleichgewichte in diesen Neurotransmittern zu Maries Angst beitragen.
- ➤ ***GABA:*** Als hemmender Neurotransmitter kann ein niedriger GABA-Spiegel auch mit Maries Angstgefühlen in Verbindung gebracht werden.

Analyse :

In diesem Beispiel sind Maries angstbedingte Hirnmechanismen deutlich zu beobachten. Ihre Amygdala reagiert auf den Stress der Wartung, indem sie überaktiv wird und eine Kaskade neurochemischer und neuronaler Reaktionen auslöst, die ihren Angstzustand verstärken. Der präfrontale Kortex, der normalerweise Emotionen reguliert, kann in diesen Situationen weniger wirksam sein und dazu beitragen, dass Marie ihre Sorgen nicht beruhigen kann. Neurotransmitter-Ungleichgewichte wie Noradrenalin, Serotonin und GABA können ebenfalls eine Rolle bei der Intensivierung der Angst spielen.

Fazit: Dieses Beispiel veranschaulicht, wie zerebrale Mechanismen wie die Aktivierung der Amygdala, die Reaktion des Hypothalamus, die Funktion des präfrontalen Kortex und die Ungleichgewichte der Neurotransmitter interagieren, um bei Marie angesichts einer Stresssituation eine Angstreaktion hervorzurufen. Dieses Verständnis kann bei der Entwicklung von Strategien zur Stress- und Angstbewältigung hilfreich sein.

Die Rolle eines sympathischen und parasympathischen Systems

Sie sind zwei Zweige des autonomen Nervensystems, das unwillkürliche Körperfunktionen wie Atmung, Herzfrequenz, Verdauung und Stressreaktion reguliert. Diese beiden Systeme arbeiten zusammen, um die Homöostase, das innere Gleichgewicht des Körpers, aufrechtzuerhalten, aber sie haben oft entgegengesetzte Wirkungen.

1. Sympathisches System: Das sympathische System wird oft mit der "Kampf-oder-Flug" -Antwort des Körpers auf Stress in Verbindung gebracht. Wenn eine Bedrohung wahrgenommen wird, sei es real oder wahrgenommen, wird das sympathische System aktiviert. Dies löst eine Reihe von physiologischen Reaktionen aus, wie die Erhöhung der Herzfrequenz, die Erweiterung der

Pupillen, die Freisetzung von Adrenalin und Noradrenalin und die Umleitung des Blutflusses in die Skelettmuskulatur. Diese Reaktionen bereiten den Körper darauf vor, schnell auf die wahrgenommene Bedrohung zu reagieren, indem er die Bedrohung bekämpft oder flieht.

2. Parasympathisches System: Das parasympathische System hingegen wird oft als „Ruhe- und Verdauungsreaktion" bezeichnet. Es wird aktiviert, wenn sich der Körper in einem Zustand der Ruhe und Erholung befindet und fördert die Erholung, Verdauung und Entspannung. Zu den Wirkungen des parasympathischen Systems gehören die Senkung der Herzfrequenz, die Verengung der Pupillen, die Stimulierung der Verdauung und die Entspannung der Muskeln. Wenn das parasympathische System aktiv ist, fördert es die Entspannung und Erholung und hilft dem Körper, nach einer Zeit von Stress oder intensiver Aktivität wieder in einen Gleichgewichtszustand zurückzukehren.

Rolle bei Stress und Angst:

- In länger andauernden oder chronischen Stresssituationen kann das sympathische System überaktiviert werden, was zu Angstsymptomen wie erhöhter Muskelspannung, schneller und flacher Atmung und erhöhtem Blutdruck führen kann.

- Eine chronische Aktivierung des sympathischen Systems kann auch zu langfristigen Gesundheitsproblemen wie Bluthochdruck, Herz-Kreislauf-Erkrankungen und Angststörungen beitragen.

- Das Gleichgewicht zwischen dem sympathischen und dem parasympathischen System ist entscheidend, um eine adaptive Stressreaktion aufrechtzuerhalten und das allgemeine Wohlbefinden zu fördern.

Zusammenfassend spielen das sympathische und das parasympathische System eine wesentliche Rolle bei der Stress- und Angstreaktion. Eine entsprechende Aktivierung dieser Systeme ist notwendig, um effektiv auf Stresssituationen zu reagieren und Erholung und Entspannung bei abnehmendem Stress zu fördern.

Ursachen und Risikofaktoren

Tauchen Sie mit uns in die Tiefen der Angst ein und erkunden Sie die vielen Facetten, aus denen sie besteht. In diesem spannenden Kapitel untersuchen wir die Ursachen und Risikofaktoren, die diese komplexe menschliche Erfahrung prägen. Erkunden Sie mit uns die Einflüsse von Umwelt, Genetik, Lebenserfahrungen und persönlichen Überzeugungen, die bei der Angstbildung ins Spiel kommen. Bereiten Sie sich auf einen Tieftauchgang vor, bei dem die Geheimnisse der Angst in einem neuen Licht gelüftet werden.

Umweltaspekte

Die Umgebung, in der wir leben und uns bewegen, spielt eine entscheidende Rolle für unser geistiges Wohlbefinden. Umweltfaktoren können eine Hauptquelle für Stress und Angst sein und dazu beitragen, dass manche Menschen anfällig für diese Störungen sind. Stellen Sie sich einen Schmetterling mit zerbrechlichen Flügeln vor, der von den unbarmherzigen Winden eines Sturms hin und her geworfen wird. Dies ist das Gefühl der Hilflosigkeit, das die Opfer von Stress und Angst, Gefangene eines unsichtbaren Netzes, das von den Kräften der Umwelt gewebt wird, oft umarmt. Weit davon entfernt, bloße passive Zuschauer zu sein, übt unsere Umgebung einen heimtückischen Einfluss auf unser geistiges Wohlbefinden aus und prägt unsere Reaktionen auf Stress und Angstzustände. Weit davon entfernt, ein Schicksal zu sein, bietet uns das Verständnis dieser schädlichen Einflüsse den Schlüssel, um die Kontrolle über unser emotionales Schicksal zurückzugewinnen.

Nehmen wir den Fall von Sarah, einer brillanten und ehrgeizigen jungen Frau, die vom höllischen Strudel eines verzehrenden Berufslebens erfasst wird. Von rücksichtslosen Deadlines geplagt, in einer Lawine endloser Aufgaben ertrunken, wird Sarah von einem Gefühl der Hilflosigkeit und Erschöpfung überwältigt. Sarahs berufliches Umfeld ist weit davon entfernt, nur eine neutrale Umgebung zu sein, sondern erweist sich als echtes Stressnest. Übermäßige Arbeitsbelastung, mangelnde Kontrolle über seine Aufgaben, schädliches Arbeitsklima - all diese Faktoren tragen dazu bei, seine wachsende Angst zu nähren.

Bislang ist nichts unter nommen worden, was unsere Besorgnis mindern könnte. Die Umgebung, ob beruflich, familiär, sozial oder wirtschaftlich, kann zu einer unerschöpflichen Quelle von Stress und Angst werden. Sozialer Druck, familiäre Konflikte, finanzielle Unsicherheit, Umweltunsicherheit - all dies sind unsichtbare Gefahren, die unser emotionales Gleichgewicht bedrohen.

Stress und Angst: adaptive Reaktionen. Umweltstress kann viele Formen annehmen, wie Arbeitsdruck, Familienkonflikte, finanzielle Schwierigkeiten oder traumatische Ereignisse. Auf diese Herausforderungen reagiert unser Körper mit der Freisetzung von Stresshormonen und bereitet so unseren Körper auf die Reaktion vor. Wenn Stress jedoch chronisch oder übermäßig wird, kann er sich nachteilig auf unsere psychische Gesundheit auswirken und zur Entwicklung von Angstzuständen beitragen.

Individuelle Veranlagung und Stressempfindlichkeit: Jede Person reagiert unterschiedlich auf Umweltstress, abhängig von verschiedenen Faktoren, einschließlich ihrer genetischen Veranlagung, ihrer persönlichen Geschichte und ihrer Coping-Mechanismen. Manche Menschen sind möglicherweise anfälliger für Stress als andere, was sie anfälliger für die Entwicklung von Angstzuständen machen kann. Es ist daher wichtig, diese individuellen Unterschiede im Umgang mit Umweltstress zu erkennen und zu respektieren.

Genetische Faktoren:

Wenn die Umwelt wie ein Bildhauer wirkt und unsere Empfindlichkeit gegenüber Stress und Angst formt, sind unsere Gene der Rohstoff, an dem sie arbeitet. Stellen Sie sich zwei Bäume vor, einen robusten und einen gebrechlichen, die demselben Sturm ausgesetzt sind. Der robuste Baum wird sich dank seiner tiefen Wurzeln und seines widerstandsfähigen Holzes verbiegen, aber nicht brechen. Der zerbrechliche Baum hingegen wird unter der Kraft des Windes eher brechen. Ebenso können unsere Gene uns prädisponieren, unterschiedlich auf Stress und Angst zu reagieren.

Manche Menschen werden mit erhöhter Empfindlichkeit geboren und erben eine genetische Variation, die sie anfälliger für Stress und Angstzustände macht. Andere hingegen scheinen mit einer natürlichen genetischen Rüstung ausgestattet zu sein, die sie vor diesen Störungen schützt.

Nehmen wir das Beispiel der Zwillingsschwestern Clara und Lila. Aufgewachsen im gleichen familiären und sozialen Umfeld, scheinen sie dennoch Stress und Angst diametral entgegengesetzt zu erleben. Clara wird leicht von Stresssituationen überwältigt, während Lila mit ihnen mit verblüffender Leichtigkeit umzugehen scheint. Wissenschaftliche Studien haben gezeigt, dass Gene eine wichtige Rolle bei diesem Empfindlichkeitsunterschied spielen können. Bestimmte genetische Variationen wurden mit einer erhöhten Anfälligkeit für Stress und Angst in Verbindung gebracht. **Zum Beispiel** beeinflusst ein bestimmtes Gen, bekannt als 5-HTTLPR, wie der Körper auf Serotonin reagiert, einen Neurotransmitter, der eine entscheidende Rolle bei der Regulierung der Stimmung spielt.

Woher weiß ich, ob ich anfällig für Stress und Angst bin?

Neben der Konsultation eines Genetikers gibt es andere Möglichkeiten, um festzustellen, ob Sie genetisch für Stress und Angst prädisponiert sind oder ob Sie genetische Variationen wie das 5-HTTLPR-Gen haben. Hier sind einige Optionen:

1) **Online-Gentests:** Es gibt Online-Gentests, die behaupten, genetische Variationen im Zusammenhang mit Stress und Angstzuständen identifizieren zu können. Es ist jedoch wichtig zu beachten, dass diese Tests möglicherweise nicht so genau oder zuverlässig sind wie Tests, die von Angehörigen der Gesundheitsberufe durchgeführt werden.

2) **Familiengeschichte:** Wenn Sie eine Familiengeschichte von Angststörungen oder Stress haben, kann dies auf eine genetische Veranlagung hindeuten. Mit Angehörigen über die eigenen psychischen Gesundheitserfahrungen zu sprechen, kann Aufschluss über das eigene Risiko geben.

3) **Beurteilung durch einen Fachmann für psychische Gesundheit:** Ein Fachmann für psychische Gesundheit, wie ein Psychiater oder Psychologe, kann Ihre Krankengeschichte, Symptome und Familienanamnese bewerten, um festzustellen, ob Sie eine genetische Veranlagung für Stress und Angst haben.

4) **Selbsteinschätzung der Symptome:** Wenn Sie häufig Symptome von Stress und Angst erleben, kann dies auch auf eine genetische Veranlagung hindeuten. Führen Sie ein Tagebuch über Ihre Symptome und deren Häufigkeit, um sie mit einem Arzt zu besprechen.

Aber man muss verstehen, dass Gene nicht unbedingt eine lebenslange Verurteilung sind. Auch wenn Sie genetisch für Stress und Angst prädisponiert sind, bedeutet dies nicht, dass Sie dazu verdammt sind, an diesen Störungen zu leiden. Viele Umwelt- und Verhaltensfaktoren können beeinflussen, wie sich Ihre Gene ausdrücken. Indem du zum Beispiel positive Schritte unternimmst, um dich um dein geistiges Wohlbefinden zu kümmern, kannst du die Auswirkungen deiner genetischen Veranlagung mildern und ein erfüllteres und weniger stressiges Leben führen.

Lebenserfahrungen

Lebenserfahrungen spielen eine entscheidende Rolle, wie wir auf Stress und Angst reagieren. Vergangene Erfahrungen, soziale Interaktionen, Erfolge und Misserfolge prägen unsere Wahrnehmung der Welt und beeinflussen unsere psychische Gesundheit. So können Lebenserfahrungen zur Veranlagung zu Stress und Angst beitragen:

1) **Trauma und belastende Ereignisse:** Traumatische Ereignisse wie Missbrauch, schwere Unfälle oder der Verlust eines geliebten Menschen können tiefgreifende Auswirkungen auf unsere psychische Gesundheit haben. Diese Erfahrungen können akute Stressreaktionen auslösen und, wenn sie unbehandelt bleiben, zur Entwicklung von Angststörungen beitragen. Zum Beispiel erlebte Marie in ihrer Kindheit einen schweren Autounfall. Diese traumatische Erfahrung löste bei ihr Panikattacken und eine intensive Angst vor dem Autofahren oder sogar dem Einsteigen in ein Auto aus, was sich erheblich auf ihre Lebensqualität auswirkte und sie anfälliger für Stress und Angstzustände machte.

2) **Chronischer Stress:** Längere Stresssituationen wie finanzielle Probleme, Familienkonflikte oder Arbeitsdruck können ebenfalls eine Rolle bei der Veranlagung zu Stress und Angst spielen. Chronischer Stress kann das hormonelle und neurochemische Gleichgewicht des Gehirns stören und damit das Risiko für Angststörungen erhöhen. Zum Beispiel wuchs Sarah in einer Familie auf, in der Emotionen selten ausgedrückt oder diskutiert wurden. Infolgedessen fällt es ihr schwer, ihre eigenen Emotionen zu erkennen und damit umzugehen, was sie in Situationen, in denen sie sich überfordert fühlt, anfälliger für Stress und Angst macht.

3) **Erlernte Verhaltensmuster:** Lebenserfahrungen können auch beeinflussen, wie wir lernen, mit Stress umzugehen. Wenn wir in einer Umgebung aufgewachsen sind, in der Stress schlecht gehandhabt oder ignoriert wurde, können wir Schwierigkeiten haben, gesunde Stressbewältigungsstrategien zu entwickeln, die uns anfälliger für Angstzustände machen können.

4) **Soziale Unterstützung:** Soziale Unterstützung oder deren Fehlen kann auch eine Rolle bei der Veranlagung zu Stress und Angst spielen. Gesunde Beziehungen und emotionale Unterstützung können helfen, die Auswirkungen von Stress zu lindern, während soziale Isolation Angstsymptome verschlimmern kann. Zum Beispiel verlor David vor einigen Jahren seinen Ehepartner und hatte seitdem Schwierigkeiten, emotionale Unterstützung zu finden. Der Mangel an engen Beziehungen und sozialer Unterstützung ließ ihn sich isoliert und einsam fühlen, was zu seiner Angst und seinem Gefühl der emotionalen Bedrängnis beitrug.

Zusammenfassend lässt sich sagen, dass Lebenserfahrungen eine wichtige Rolle bei der Veranlagung zu Stress und Angst spielen. Indem wir verstehen, wie unsere vergangenen Erfahrungen unsere psychische Gesundheit beeinflussen können, können wir Maßnahmen ergreifen, um unser emotionales Wohlbefinden zu verbessern und unsere Anfälligkeit für Angststörungen zu verringern.

Überzeugungen und Gedanken:

Unsere Gedanken und Überzeugungen sind keine bloßen Abstraktionen, sondern eine mächtige Kraft, die unsere Wahrnehmung der Welt und unsere Reaktion auf Stress und Angst beeinflussen kann. Stellen Sie sich zwei Personen vor, die sich in der gleichen Stresssituation befinden, zum Beispiel eine wichtige Untersuchung. Eine, überzeugt von ihren Fähigkeiten und zuversichtlich in ihren Erfolg, wird die Prüfung mit Gelassenheit angehen. Der andere, der von negativen Gedanken und Zweifeln an seinen Fähigkeiten bewohnt wird, wird viel eher Stress und Angst empfinden. Dieser innere, oft unbewusste Dialog kann eine entscheidende Rolle bei der Verstärkung oder Verringerung von Stress und Angst spielen.

Bestimmte Überzeugungen und Gedanken fördern Stress und Angst:

➢ **Katastrophismus:** Das denkbare Worst-Case-Szenario systematisch antizipieren.
➢ **Binäres Denken:** Alles in Schwarz oder Weiß sehen, ohne Nuancen.
➢ **Fokus auf Negative:** Konzentrieren Sie sich nur auf die negativen Aspekte einer Situation.
➢ **Übermäßige Selbstkritik:** Sich ständig verunglimpfen und kritisieren.
➢ **Perfektionismus:** Von sich selbst unerreichbare Perfektion verlangen.

Umgekehrt können andere Gedanken und Überzeugungen dazu beitragen, sie zu reduzieren:

➢ **Positives Denken:** Sich auf die positiven Aspekte einer Situation konzentrieren.
➢ **Rationalisierung:** Die Situation objektiv und realistisch analysieren.
➢ **Relativierung:** Verringern Sie die Bedeutung von stressigen Ereignissen.
➢ **Selbstvertrauen:** Sich selbst vertrauen und an seine Fähigkeiten glauben.
➢ **Akzeptanz:** Situationen akzeptieren, die man nicht kontrollieren kann.

Zu lernen, Gedanken und Überzeugungen zu identifizieren und zu verändern, die Stress und Angstzustände fördern, ist ein mächtiges Werkzeug, um Ihr geistiges Wohlbefinden zu verbessern.

Ich schlage Ihnen jetzt vor,…

➢ Sich seines inneren Dialogs bewusst werden.
➢ Negative Gedanken und Überzeugungen identifizieren.
➢ Diese Gedanken herausfordern und durch positivere Alternativen ersetzen.
➢ Entwickeln Sie ein rationaleres und realistischeres Denken.
➢ Selbstvertrauen und Akzeptanz kultivieren.

Indem Sie Ihren inneren Dialog meistern, können Sie die Kontrolle über Ihr emotionales Leben zurückgewinnen und ein ruhigeres und erfüllteres Leben aufbauen. Vergiss nie, deine Gedanken und Überzeugungen sind nicht die Realität. Du hast die Kraft, sie zu transformieren und eine positivere und beruhigendere innere Realität zu schaffen.

Wie funktionieren Mentalfilter?

Wir alle haben Filter im Kopf, durch die alle Informationen von außen fließen. Sich der Existenz dieser Filter bewusst zu werden, ist der erste Schritt, um an Ihrem Ansatz zu arbeiten. Und Ihre Herangehensweise zu ändern, ist der effektivste Weg, um Ihre persönliche Entwicklung positiv zu revolutionieren.

Zu Beginn habe ich eine Herausforderung für Sie:

Unten sehen Sie ein Video, in dem zwei Mannschaften den Basketball in beide Richtungen spielen. Ihre Aufgabe ist es, die Anzahl der Pässe zu zählen, die das Team im weißen Hemd machen wird. Klingt einfach, aber es stellt sich heraus, dass nur 10% der Menschen in der Lage sind, die Anzahl der Pässe richtig zu berechnen! Mal sehen, ob du zu dieser Gruppe gehörst. Denken Sie daran: Konzentrieren Sie sich auf die Anzahl der Pässe zwischen den Spielern des weißen Teams.

BITTE: Stoppen Sie die Wiedergabe und schauen Sie sich das Video an

Titel des Videos : concentration ! Wie viele Ballpässe macht das Team.
Video Link: https://youtu.be/mO3m1HCzakY

Scannen Sie einfach diesen QR-Code mit Ihrem Telefon, um auf das Video zuzugreifen

Falls das Video gelöscht wurde, suchen Sie bitte in YouTube nach einer dieser Anfragen:

- KONZENTRATION Wie viele Ballpässe macht das Team "in Weiß"
- Selektiver Aufmerksamkeitstest
- The Monkey Business Illusion

Ganz wichtig: Bitte spielen Sie mit. Lesen Sie weiter, sobald Sie die Aufgabe abgeschlossen haben.

Das jedenfalls ist mein Wunsch. Sie denken wahrscheinlich, dass die Aufgabe sehr einfach war. Ich habe schlechte Nachrichten für dich. Die Anzahl der Anwendungen spielt hier keine Rolle. Die Frage ist, ob Sie einen als Gorilla verkleideten Mann gesehen haben, der zwischen den Spielern spazieren ging und ihnen den Ball gab. Ist dies nicht der Fall, schauen Sie sich den Film erneut an, diesmal ohne Rücksicht auf die Anzahl der Durchgänge.

Das Erstaunliche ist, dass die überwiegende Mehrheit der Menschen diesen Gorilla nicht sieht. Die Konzentration auf eine bestimmte Aufgabe beschränkt sie darauf, nur ein Fragment der Realität zu sehen. Wenn Sie nach einer bestimmten Information suchen, fällt es Ihnen sehr schwer, etwas anderes zu bemerken, auch wenn es so seltsam und absurd ist wie ein laufender Gorilla! So funktionieren die Filter unseres Geistes. Wie ein Sieb lassen sie nur spezifische und ausgewählte Informationen durch.

Wie funktioniert es?

Die ersten Filter sind **Ihre Sinne.** Sie eliminieren bereits einen Teil der Informationen über die Realität. Wenn du die Welt um dich herum betrachtest, bist du durch die Struktur deines Gehirns eingeschränkt. Wie Sie wahrscheinlich bemerkt haben, sehen Sie nicht alles mit bloßem Auge - Sie bemerken die Schwerkraft, die Schallwellen, das Infrarotlicht nicht. Es stellt sich also heraus, dass man die Realität nicht so sieht, wie sie wirklich ist. Was du siehst, ist die Interpretation, die dein Gehirn davon macht. In der Tat kann Ihre Art, die Welt zu sehen, sehr weit von der Wahrheit entfernt sein. Vielleicht sehen die Gehirne anderer Tierarten eine „realere" Realität? Vielleicht ist das Gehirn eines Hundes näher an der Wahrnehmung der wahren Natur der Welt, auch wenn es sie ganz anders wahrnimmt als Menschen? Wir haben absolut keinen Beweis dafür, dass es unsere Spezies ist, die die Welt so sieht, wie sie wirklich ist.

Andere Filter werden bereits im Laufe des Lebens erworben. **Es sind die Erfahrungen**, die deine Persönlichkeit von Geburt an prägen. Das sind die Werte, die dir über viele Jahre von Eltern, Schule und Gesellschaft eingeprägt wurden. Das sind Ihre Ambitionen und Erwartungen. Und vor allem Ihre Überzeugungen über die Welt. Überzeugungen, die die Art und Weise schaffen, wie du die ganze Welt, dein eigenes Leben, deine Fähigkeiten und deine

Beziehungen zu anderen wahrnimmst. Wenn Sie glauben, dass die Welt ein abscheulicher und hinterhältiger Ort ist, werden Sie sich so verhalten, als wäre sie es. Das bringt viele unangenehme Emotionen und Erlebnisse mit sich. Aber wenn du glaubst, dass die Welt ein wunderbarer und schöner Ort ist, wird dein Leben ganz anders sein.

Jeder Glaube bringt bestimmte Verhaltensweisen mit sich.

Nehmen wir für einen Moment an, du glaubst, dass jeder lügt und dich ausnutzen will. Stellen Sie sich nun vor, wie Sie sich mit neuen Menschen verhalten würden, wenn Sie diese Überzeugung hätten. Nun gehe davon aus, dass du überzeugt bist, dass Menschen gerne neue Leute kennenlernen und jeder etwas Besonderes in sich hat. Wie geht es dir jetzt? Sie können Ihre sensorischen Filter nur durch die Einnahme bestimmter Drogen verändern. Indem du dein Gehirn vergiftest, lässt du es die Realität anders wahrnehmen. Beim Trinken von ein paar Bieren haben Sie vielleicht bemerkt, dass die Welt dann ganz anders ist:).

Das Wichtigste ist jedoch, dass es Ihnen gelingen kann, die Funktionsweise dieser zweiten Filtergruppe zu ändern. Du kannst deine Beziehung zu deiner bisherigen Erfahrung ändern. Sie können Ihre Erwartungen an die Zukunft ändern. Du kannst deine Überzeugungen über die Welt um dich herum ändern. Diese Veränderungen führen zu den wichtigsten und tiefgreifendsten Veränderungen in deinen Emotionen, Gewohnheiten und Verhaltensweisen. Beginnen Sie also, tiefer zu schauen. Anstatt dein individuelles Verhalten zu ändern, ändere deine Überzeugungen. Eine andere Art, die Welt zu sehen, ist ein ganz anderes Leben. Denken Sie daran, dass Sie immer eine „mentale Brille" auf den Augen haben. Diese Brille kann schwarz sein, und sie kann eine Quelle des Elends sein, denn Sie werden alles um Sie herum in Schwarz sehen und das verursacht Ihnen großen Stress bei den kleinsten Problemen oder Hindernissen des täglichen Lebens. Sie können auch farbig sein, was die Welt zu einem interessanten, friedlichen und wunderbaren Ort für Sie macht.

Der Zweck dieses Kapitels ist es, Sie daran zu erinnern und Sie zum Handeln zu ermutigen. Dein Ansatz ist wichtig für deine Entwicklung, wenn du es noch nicht weißt, beginne deinen Ansatz zu ändern und die ganze Welt wird sich ändern und natürlich wirst du ein stressfreies Leben haben. Alles beginnt in deinem Kopf, also um deine Einstellung zu ändern und nicht gestresst zu sein, musst du dich den Gedanken zuwenden, von denen du dich ernährst, und es schaffen, deine negativen Denkgewohnheiten zu zerstören.

Zurück zu unserem Video: Gib es zu, hast du einen Gorilla bemerkt?:)

Kognitive Verzerrungen.

Mentale Filter, auch kognitive Verzerrungen genannt, sind automatische, verzerrte Denkmuster, die beeinflussen, wie wir Ereignisse, Situationen und Interaktionen mit anderen wahrnehmen. Diese Verzerrungen können zu Stress und Angstzuständen beitragen, indem sie unsere Wahrnehmung der Realität verzerren und negative und irrationale Gedanken erzeugen. Hier sind einige Beispiele für häufige mentale Filter und ihre Auswirkungen auf Stress und Angst:

Der Katastrophenfilter: Bei diesem Filter geht es darum, in jeder Situation das Schlimmste zu erwarten, auch wenn keine greifbaren Beweise vorliegen. Zum Beispiel könnte eine Person, die diesen Filter verwendet, denken, dass der Verlust ihres Arbeitsplatzes zu einer Reihe von finanziellen und persönlichen Katastrophen führen wird, auch wenn sie noch nie zuvor damit konfrontiert war.

Dichotomisches Denken (alles oder nichts): Diese Verzerrung beinhaltet, die Dinge in absoluten Begriffen zu sehen, ohne Nuancen oder Kompromisse. Zum Beispiel könnte eine Person denken, dass sie ein totaler Versager ist, wenn sie nicht in allen Bereichen ihres Lebens Perfektion erreicht, was zu erheblichem Stress und Angst führen kann.

Übermäßige Verallgemeinerung: Dieser Filter besteht darin, aus einem einzigen Ereignis oder einer einzigen negativen Erfahrung allgemeine Schlussfolgerungen zu ziehen. Wenn eine Person zum Beispiel eine Prüfung nicht besteht, könnte sie verallgemeinern, dass sie in allen Bereichen ihres Lebens dumm oder unfähig ist.

Der Filter des emotionalen Denkens: Diese Verzerrung impliziert die Annahme, dass unsere Emotionen die Realität widerspiegeln. Wenn sich eine Person beispielsweise in einer sozialen Situation ängstlich fühlt, kann sie zu dem Schluss kommen, dass sie tatsächlich in Gefahr ist, auch wenn dies objektiv nicht der Fall ist.

Die "Rätsel" -Mentalität: Dieser Filter besteht darin, die Handlungen und Absichten anderer negativ zu interpretieren, ohne ausreichende Beweise, um dies zu unterstützen. Zum Beispiel könnte eine Person denken, dass ihre Freunde sie nicht mehr mögen, nur weil sie sie nicht zu einem Date eingeladen haben, während es andere gültige Erklärungen geben könnte.

Diese mentalen Filter können dazu beitragen, Stress und Angstzustände zu erhöhen, indem sie negative Gedanken verstärken und destruktive Denkmuster fördern. Das Bewusstsein für diese kognitiven Verzerrungen ist ein wichtiger erster Schritt, um sie zu überwinden und realistischer und ausgeglichener zu denken. Kognitive Verhaltenstherapie (KVT) wird häufig eingesetzt, um Menschen zu helfen, diese mentalen Filter zu identifizieren und zu verändern, um Stress und Angstzustände zu reduzieren.

Junk Food und Gehirn: eine tickende Zeitbombe für die psychische Gesundheit.

Wer ist nicht schon einmal der Versuchung eines fettreichen Burger oder einer Pizza mit Käse erlegen? Junk Food mit seinen intensiven Aromen und dem Versprechen sofortiger Zufriedenheit ist eine echte Falle für unsere Geschmacksnerven und unser Gehirn. Hinter diesem flüchtigen Vergnügen verbirgt sich jedoch eine viel weniger glänzende *Realität: Junk Food kann sich negativ auf unsere psychische Gesundheit auswirken, insbesondere indem wir unsere Anfälligkeit für Stress, Angstzustände und Depressionen erhöhen*. Junk Food wie Fast Food wie McDonald's, Burger King und zuckerreiche Softdrinks können unsere psychische Gesundheit beeinträchtigen, indem sie das Belohnungssystem im Gehirn stören. Diese Lebensmittel sind oft reich an einfachen Zuckern, gesättigten Fettsäuren und leeren Kalorien, was zu Fehlfunktionen des Belohnungssystems führen und das Risiko von Stress, Angstzuständen und Depressionen erhöhen kann.

MECHANISMEN VERSTEHEN

Um zu verstehen, wie sich Junk Food auf unsere psychische Gesundheit auswirkt, müssen wir uns zunächst ansehen, wie das Belohnungssystem in unserem Gehirn funktioniert. Dieses System wird von einem Neurotransmitter, Dopamin, gesteuert, der als Reaktion auf erfreuliche Reize wie Nahrung freigesetzt wird. Wenn wir Junk Food konsumieren, das reich an Zucker und Fett ist, wird unser Gehirn mit Dopamin überflutet, was ein intensives Lustgefühl erzeugt. **Es ist ein bisschen so, als würden wir eine Dosis Drogen nehmen:** Das Gehirn gewöhnt sich an diesen hohen Dopaminspiegel und verlangt danach, was zu einer Sucht nach Junk Food führt.

Die Kehrseite der Medaille

Das Problem mit Junk Food ist, dass dieses Vergnügen flüchtig ist. *Auf den Dopamin-Anstieg folgt ein Sturz, der uns in einem Zustand der Müdigkeit, Reizbarkeit und Stimmungsschwäche zurücklassen kann.* Darüber hinaus kann der regelmäßige Verzehr von Junk Food das Gleichgewicht anderer Neurotransmitter, die an der Stimmungsregulation beteiligt sind, wie Serotonin und Noradrenalin, stören.

Es ist ein Teufelskreis.

Übermäßiger Verzehr von Junk Food kann zu einer Fehlfunktion des Belohnungssystems führen. Durch den Verzehr von zucker- und fettreichen Lebensmitteln kann unser Gehirn weniger empfindlich auf Dopamin reagieren, was bedeutet, dass wir mehr Nahrung benötigen, um das gleiche Maß an Genuss zu erleben.

Darüber hinaus können Stress, Angstzustände und Depressionen auch dazu führen, dass wir uns an Junk Food wenden, um Trost zu finden. **Es ist ein Teufelskreis:** Junk Food verschlimmert die Symptome dieser Beschwerden, was uns dazu bringt, noch mehr davon zu konsumieren. Dies kann zu Überernährung führen und zur Entstehung von Fettleibigkeit beitragen.

Langfristige Auswirkungen auf die psychische Gesundheit.

Wissenschaftliche Studien haben gezeigt, dass der regelmäßige Verzehr von Junk Food das Risiko für Stimmungsstörungen wie Depressionen erhöhen kann. **Tatsächlich kann Junk Food die Funktion des Hippocampus stören, einer Region des Gehirns, die an der Regulierung von Emotionen beteiligt ist.**

Lösungen, um aus der Falle zu kommen

Die gute Nachricht ist, dass es möglich ist, aus der Junk-Food-Falle und ihren negativen Auswirkungen auf die psychische Gesundheit herauszukommen. Hier sind einige Tipps.

- ➢ **Eine gesunde und ausgewogene Ernährung wird empfohlen.**
- ➢ **Zucker- und Fettkonsum einschränken.**
- ➢ **Stressbewältigung durch Entspannungstechniken.**
- ➢ **Konsultieren Sie bei Bedarf einen Fachmann für psychische Gesundheit.**

Schlussfolgerung

Junk Food ist nicht nur eine Frage des Geschmacksgenusses. **Es kann einen echten Einfluss auf unsere psychische Gesundheit haben, indem es unsere Anfälligkeit für Stress, Angstzustände und Depressionen erhöht.** Indem wir auf unsere Ernährung achten und einen gesunden Lebensstil pflegen, können wir unsere psychische Gesundheit und unser allgemeines Wohlbefinden erhalten.

Vergessen wir nicht, dass unser Gehirn ein wertvolles Organ ist, das geschützt werden muss. Junk Food kann Gift für unsere psychische Gesundheit sein. **Entscheiden wir uns dafür, ihn mit gesunden und nahrhaften Lebensmitteln zu füttern, damit er auf Hochtouren arbeiten kann.**

Kapitel 3: Bewerten Sie Ihre Angst und Ihren Stress.

Stress und Angst zu verstehen, ist ein wesentlicher erster Schritt, aber um sich selbst besser kennenzulernen und die Quellen seines Unbehagens zu identifizieren, ist eine gründliche Bewertung erforderlich. Dieses Kapitel bietet Ihnen eine Reihe von Tools und Fragebögen, die Ihnen helfen, Ihr Angst- und Stressniveau objektiv und zuverlässig zu beurteilen.

Inventare und Selbsteinschätzungsskalen.

Inventare und Selbsteinschätzungsskalen sind wertvolle Hilfsmittel, um dein Angst- und Stresslevel einzuschätzen. Sie sollen Ihnen helfen, Ihre Symptome zu identifizieren und zu quantifizieren, was hilfreich sein kann, um Ihren Fortschritt im Laufe der Zeit zu verfolgen und die Wirksamkeit der von Ihnen durchgeführten Interventionen zu bestimmen. Hier sind einige der in diesem Zusammenhang am häufigsten verwendeten Inventare und Skalen:

1. Hamilton-Angst-Skala (HAM-A):

Diese Skala wird häufig von Angehörigen der Gesundheitsberufe verwendet, um die Schwere der Angst zu beurteilen. Sie umfasst 14 Items, die Symptome wie Anspannung, Nervosität und Ängste bewerten. Geben Sie für jeden Punkt an, wie stark Sie in der letzten Woche jedes Symptom erlebt haben, indem Sie die folgende Skala verwenden:

0 = Keine Symptome | 1 = Leicht | 2 = Mäßig | 3 = Schwer | 4 = Sehr schwer

Inventar: Hamilton-Angst-Skala (HAM-A).

1) Angstgefühle	9. Leichtes Müdigkeitsgefühl
2) Spannung	10. Konzentrationsschwierigkeiten
3) Schlaflosigkeit	11. Halskugel
4) Schwierigkeiten beim Entspannen	12. Kurzatmigkeit
5) NERVOESE SPANNUNG	13. Herzklopfen Herzschlag
6) ERREGBARKEIT	14. Übermäßiges Schwitzen (feuchte Hände.
7) Gereizte Stimmung	
8) Schwächegefühl	

Kreuzen Sie für jedes Symptom das Kästchen an, das am besten zu Ihrer Erfahrung in der vergangenen Woche passt. Wenn Sie fertig sind, berechnen Sie Ihre Gesamtpunktzahl, indem Sie die Antworten für jedes Element hinzufügen. Ihre Gesamtpunktzahl kann Ihnen einen Hinweis auf die Schwere Ihrer Angst geben, aber es ist immer am besten, einen Arzt für eine vollständige Beurteilung zu konsultieren.

Erläuterung der Scores:

> ➤ **Eine Gesamtpunktzahl von 0 bis 7** gilt als normal und weist auf eine minimale Angst hin.
> ➤ **Eine Gesamtpunktzahl von 8 bis 14** deutet auf leichte Angstzustände hin.
> ➤ **Eine Gesamtpunktzahl von 15 bis 23** weist auf mäßige Angstzustände hin.
> ➤ **Eine Gesamtpunktzahl von 24 bis 30** weist auf schwere Angstzustände hin.
> ➤ **Eine Gesamtpunktzahl von über 30** weist auf eine sehr starke Angst hin.

Es ist wichtig zu beachten, dass dieser Test keine professionelle Beurteilung ersetzt und es am besten ist, einen Arzt für eine angemessene Beurteilung zu konsultieren.

2. Beck-Angst-Skala (BAI):

Diese Skala wurde entwickelt, um die Schwere von Angstzuständen bei Erwachsenen und Jugendlichen zu messen. Sie umfasst 21 Elemente, die Symptome wie Angst, Nervosität und Entspannungsschwierigkeiten bewerten.

Anleitung: Bitte geben Sie für jede Aussage unten an, inwieweit sie derzeit auf Sie zutrifft, indem Sie die folgende Skala verwenden:

0 = Überhaupt nicht | 1 = Gering| 2= Mäßig | 3 = Stark

Beck-Angst-Inventar (BAI)

1. Angst-, Schreck- oder Panikgefühle:
2. Schwindel, Schwäche oder leerer Kopf:
3. Herzschlag oder Herzklopfen:
4. Zittern (z.B. Handzittern):
5. Übermäßiges Schwitzen (ohne ersichtlichen Grund):
6. Atemnot oder Erstickungsgefühle:
7. Schmerzen oder Beschwerden in der Brust:
8. Übelkeit oder Bauchbeschwerden:
9. Klumpiges Gefühl im Hals oder Schluckbeschwerden:
10. Hitze- oder Schüttelfrostgefühle:
11. Taubheitsgefühl oder Kribbeln:
12. Gefuehl von Hitzewallungen

13. Angst, die Selbstkontrolle zu verlieren oder verrückt zu werden:

14. Er fürchtet, dass er stirbt.

15. Gefühl der Loslösung von sich selbst oder von der Realität (Depersonalisation)

16. Angst, etwas Schändliches oder Lächerliches zu tun:

17. Gefühle, nicht die Kontrolle über seine Handlungen zu haben oder Dinge zu tun, ohne darüber nachzudenken (Depersonalisierung):

18. Angst, an überfüllten Orten zu sein, alleine zu reisen oder das Haus alleine zu verlassen:

19. Gefühle von Nervosität, Unruhe oder das Gefühl, am Rande eines Nervenzusammenbruchs zu stehen:

20. Schwächegefühl in den Beinen:

21. Muskelverspannungs- oder Steifheitsgefühle:

Résultat :

Um Ihre Gesamtpunktzahl zu erhalten, addieren Sie die Punktzahlen für jedes Element. Ihre Gesamtpunktzahl kann von 0 bis 63 variieren. So interpretieren Sie Ihren Score:

- ➤ **0-7:** Keine Angst
- ➤ **8-15:** Leichte Angstzustände
- ➤ **16-25:** Mäßige Angstzustände
- ➤ **26-63:** Schwere Angstzustände

Bitte beachten Sie, dass dieser Fragebogen ein Selbstbeurteilungsinstrument ist und eine professionelle Diagnose nicht ersetzt. Wenn Sie Bedenken hinsichtlich Ihres Angstniveaus haben, wenden Sie sich bitte an einen qualifizierten Psychiater.

3. State-Trait-Angstinventar (STAI):

Dieses Inventar misst sowohl die staatliche Angst (die zu einem bestimmten Zeitpunkt empfundene Angst) als auch die Angststörung (das allgemeine Angstniveau einer Person). Es wird häufig in Forschungsstudien zur Beurteilung von Angstzuständen eingesetzt.

Anleitung für das State-Trait Anxiety Inventory (Stai)

Beurteilen Sie bei jeder Frage anhand der Skala von 1 bis 4, wie stark Sie den beschriebenen Zustand in <u>der letzten Woche</u> empfunden haben. Beantworten Sie die Fragen nach Ihren gewohnten Gefühlen, ohne sich auf bestimmte Ereignisse zu konzentrieren, die Ihre Stimmung vorübergehend beeinträchtigt haben könnten. Wenn diese Ereignisse jedoch in der letzten Woche einen signifikanten Einfluss auf Ihre Angst hatten, ist es natürlich, dass sich dies in Ihren Antworten widerspiegelt. Ziel ist es, eine allgemeine Einschätzung Ihres Angstniveaus unter Berücksichtigung normaler Schwankungen im Zusammenhang mit Ereignissen des täglichen Lebens zu geben.

1. **Überhaupt nicht:** Sie haben diesen Zustand überhaupt nicht gespürt.
2. **Ein bisschen:** Sie haben diesen Zustand bis zu einem gewissen Grad gespürt.
3. **Genug:** Sie haben diesen Zustand zu einem großen Teil gespürt.
4. **Sehr:** Sie haben diesen Zustand sehr stark gespürt.

Antworten Sie ehrlich und so genau wie möglich. Es gibt keine falschen oder richtigen Antworten. Hier sind die Fragen:

1. Ich fühle mich ruhig.
2. Ich fühle mich angespannt.
3. Ich fühle mich wohl.
4. Ich fühle mich nervös und unruhig.
5. Ich fühle mich in Frieden.
6. Ich fühle mich entspannt.
7. Ich fühle mich zuversichtlich.
8. Ich habe es eilig.
9. Ich fühle mich mit mir selbst zufrieden.
10. Ich fühle mich verärgert.
11. Ich fühle mich hier sicher.
12. Ich fühle mich unruhig.
13. Ich fühle mich verwirrt.
14. Ich fühle mich ängstlich.
15. Ich bin glücklich.
16. Ich fühle mich instabil.
17. Ich habe gute Laune
18. Ich bin besorgt.
19. Ich fühle mich ruhig.

20. Ich bin zufrieden mit mir selbst.

Addieren Sie Ihre Werte für die Fragen 2, 4, 8, 10, 12, 14, 18 und 20, um Ihren staatlichen Angstwert zu erhalten. Addieren Sie Ihre Punktzahlen für die Fragen 1, 3, 5, 6, 7, 9, 11, 13, 15, 16, 17 und 19, um Ihren Strich-Angst-Score zu erhalten. Vergleichen Sie Ihre Werte mit den folgenden Bereichen, um Ihre Angstzustände zu interpretieren:

<u>Staatlicher Angst-Score:</u>

- 20-40: Geringe Angst
- 41-60: Mäßige Angst
- 61-80: Hohe Angst
- 81-100: Sehr hohe Angst

<u>Strich-Angst-Score:</u>

- 20-34: Geringe Angst
- 35-49: Moderate Angst
- 50-64: Hohe Angst
- 65-80: Sehr hohe Angst

4. Wahrgenommene Stressskala (PSS):

Die Wahrgenommene Stressskala (PSS) misst die allgemeine Wahrnehmung einer Person, wie viel Stress sie in ihrem Leben empfindet. Sie besteht aus 10 Fragen, die du je nach deinen Gefühlen und Erfahrungen der letzten Wochen beantworten musst.

Anleitung: Bitte geben Sie für jede Frage an, inwieweit Sie mit der Aussage einverstanden sind, indem Sie eine Skala von 0 bis 4 verwenden, wobei 0 für "nie" und 4 für "sehr oft" steht. Antworte ehrlich, je nachdem, wie du dich gerade fühlst.

- **0** = Nie
- **1** = Rarement
- **2** = Gelegentlich
- **3** = Oft ·
- **4** = Sehr häufig

Bestandsaufnahme des wahrgenommenen Stresses (PSS):

1. Wie unvorhersehbar waren Ihre Lebenssituationen in den letzten Wochen?
2. Inwieweit haben Sie in den letzten Wochen festgestellt, dass die Dinge außer Kontrolle geraten sind?
3. Wie unvorhersehbar war Ihr Leben in den letzten Wochen?

4. Inwieweit haben Sie in den letzten Wochen festgestellt, dass die Dinge so laufen, wie Sie es sich gewünscht haben?

5. Inwieweit haben Sie in den letzten Wochen festgestellt, dass Sie Schwierigkeiten haben, die Irritationen in Ihrem Leben zu kontrollieren?

6. Inwieweit haben Sie in den letzten Wochen festgestellt, dass die Dinge für Sie immer schlechter werden?

7. Inwieweit haben Sie in den letzten Wochen festgestellt, dass Sie in der Lage sind, mit all den Problemen umzugehen, die Ihnen das Leben bringt?

8. Inwieweit haben Sie in den letzten Wochen festgestellt, dass die Dinge nicht so laufen, wie Sie es geplant haben?

9. Inwieweit haben Sie in den letzten Wochen festgestellt, dass Sie die Kontrolle über Ihr Leben haben?

10. Inwieweit haben Sie in den letzten Wochen festgestellt, dass Sie die auftretenden Probleme leicht lösen können?

Addieren Sie die Punktzahlen jeder Frage, um eine Gesamtpunktzahl zu erhalten. Eine höhere Punktzahl deutet auf ein höheres wahrgenommenes Stresslevel hin.

- **0 bis 13: Geringer wahrgenommener Stress.** Sie haben eine relativ schwache Wahrnehmung von Stress in Ihrem Alltag.
- **14 bis 26: Moderater wahrgenommener Stress.** Sie erleben ein durchschnittliches Stressniveau in Ihrem Leben, das sich auf Ihr emotionales Wohlbefinden auswirken kann.
- **27 bis 40: Hoher wahrgenommener Stress.** Sie haben eine hohe Stresswahrnehmung in Ihrem Leben, die erhebliche Auswirkungen auf Ihre geistige und körperliche Gesundheit haben kann.

Visuelle Analogskala (VAS):

Diese Leiter besteht aus einer horizontalen Linie von 10 cm, deren Enden mit **"gar nicht" und " extrem" gekennzeichnet sind.** Personen markieren einen Punkt auf der Linie, um ihr Angst- oder Stresslevel anzuzeigen.

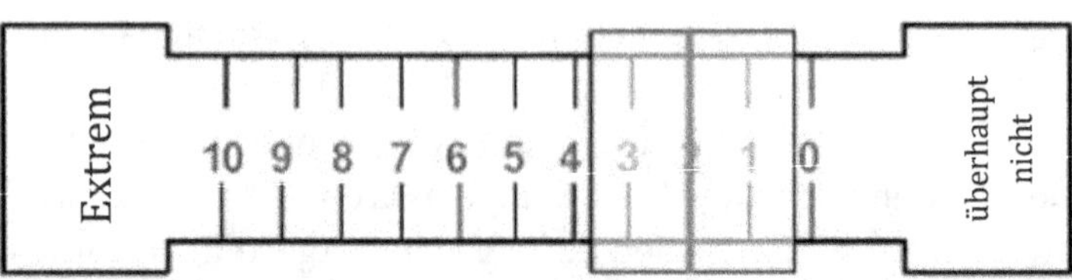

Hier finden Sie Anweisungen zur Verwendung der visuellen Analogskala (VAS), um Ihr Angst- und Stressniveau zu beurteilen:

1. **Vorbereitung:** Suchen Sie sich einen ruhigen Ort, an dem Sie sich ungestört konzentrieren können. Nehmen Sie einen Bleistift und ein Lineal oder eine andere Methode zum Messen von Zentimetern mit.

2. **Positionierung:** Zeichnen Sie eine horizontale Linie von 10 cm auf ein Blatt Papier. Markieren Sie die Linienenden wie folgt: „gar nicht" ganz links und „extrem" ganz rechts.

3. **Bewertung:** Denken Sie über Ihr aktuelles Angst- oder Stresslevel nach. Wo würden Sie auf der Grundlage dieser Skala einen Punkt auf der Linie platzieren, um Ihr aktuelles Niveau anzuzeigen? Wenn du zum Beispiel sehr ängstlich oder gestresst bist, könntest du deinen Punkt in der Nähe des "extrem" -Endes platzieren. Wenn du dich ruhig und entspannt fühlst, könntest du deinen Punkt in der Nähe des "gar nicht" -Endes platzieren.

4. **Messung:** Verwenden Sie das Lineal, um den Abstand in Zentimetern zwischen dem von Ihnen platzierten Punkt und dem Ende "überhaupt nicht" zu messen. Dies gibt Ihnen eine Zahl, die Ihr Angst- oder Stresslevel auf der Skala von 0 bis 10 darstellt.

5. **Interpretation:** Je höher die Zahl, desto höher ist Ihr Angst- oder Stresslevel. Zum Beispiel zeigt eine Zahl in der Nähe von 0 ein niedriges Maß an Angst oder Stress an, während eine Zahl in der Nähe von 10 ein hohes Niveau anzeigt. Berücksichtigen Sie bei der Interpretation Ihrer Ergebnisse Ihr Gesamtempfinden und wie oft Sie diese Emotionen spüren.

Diese Skala kann Ihnen helfen, Ihr eigenes Maß an Angst und Stress besser zu verstehen, was hilfreich sein kann, um Ihren Fortschritt im Laufe der Zeit zu verfolgen und die Situationen zu identifizieren, die Ihnen den meisten Stress verursachen können. Wenn Sie feststellen, dass Ihr Angst- oder Stresslevel hoch ist und Ihren Alltag beeinträchtigt, kann es hilfreich sein, einen Psychiater um zusätzliche Unterstützung zu bitten.

Diese Tools können eigenständig oder in Zusammenarbeit mit einem Psychiater verwendet werden, um Ihre Angst und Ihren Stress zu bewerten. Sie können wertvolle Informationen liefern, die Ihnen helfen, Ihre Emotionen besser zu verstehen und einen geeigneten Managementplan zu entwickeln.

Therapeutisches Schreiben: Wie führe ich ein Logbuch?

Das Führen eines Tagebuchs ist eine großartige Möglichkeit zur Selbsteinschätzung, um Ihr eigenes Maß an Angst und Stress einzuschätzen. Sie können ein Notizbuch, ein Tagebuch oder sogar eine dedizierte mobile App verwenden. Nimm dir jeden Tag Zeit, still zu sitzen, dich auf deine Emotionen zu konzentrieren und sie ehrlich und aufrichtig aufzuschreiben. Zögern Sie nicht, Schlüsselwörter oder kurze Sätze zu verwenden, wenn Sie wenig Zeit haben. Wichtig ist, dass Sie Ihre Gefühle regelmäßig und gewissenhaft notieren. Indem du ein Tagebuch führst, kannst du ein besseres Verständnis für deine Emotionen und Gedanken entwickeln, was dir helfen kann, effektiver mit deinen Ängsten und deinem Stress umzugehen.

So können Sie vorgehen:

Ziel: Über einen Zeitraum von einer Woche werden Sie ein Tagebuch führen, um Ihre Emotionen und Gedanken aufzuzeichnen, um die Situationen, die Ihre Angst und Ihren Stress auslösen, besser zu verstehen.

Schreibfrequenz: Sie verpflichten sich, einmal täglich, vorzugsweise am Ende des Tages, in Ihr Tagebuch zu schreiben, um über die Ereignisse des Tages nachzudenken.

Schreibe über deine Emotionen: Nimm dir jeden Tag ein paar Minuten Zeit, um an einem ruhigen Ort zu sitzen und über deinen Tag nachzudenken. Notieren Sie sich die Emotionen, die Sie erlebt haben, wie Angst, Stress, Angst, Wut, Traurigkeit oder andere sinnvolle Emotionen. Beschreiben Sie auch, wie Sie sich körperlich gefühlt haben, wie Muskelverspannungen, Kopfschmerzen, Herzklopfen usw.

Identifizieren Sie Muster: Wenn Sie Ihr Tagebuch am Ende der Woche noch einmal lesen, versuchen Sie, gemeinsame Muster oder Auslöser Ihrer Angst und Ihres Stresses zu erkennen. Zum Beispiel könntest du feststellen, dass schwierige soziale Interaktionen oft deine Angst auslösen, oder dass dich knappe Fristen bei der Arbeit belasten.

Machen Sie regelmäßige Überprüfungen: Machen Sie am Ende der Woche eine Bestandsaufnahme Ihrer Schriften, um Ihr Angst- und Stressniveau im Laufe der Tage zu bewerten. Notiere dir die Tage, an denen du dich besonders ängstlich oder gestresst gefühlt hast, sowie die Tage, an denen du dich ruhiger und entspannter gefühlt hast. Dies kann Ihnen helfen, die Faktoren zu identifizieren, die am meisten zu Ihrer Angst und Ihrem Stress beitragen, sowie die Strategien, die Ihnen geholfen haben, mit ihnen umzugehen.

Indem du ein Tagebuch führst, kannst du ein besseres Verständnis für deine Emotionen und Gedanken entwickeln, was dir helfen kann, effektiver mit deinen Ängsten und deinem Stress umzugehen.

Identifizieren Sie Ihre Denkmuster.

Denkmuster sind automatische, unbewusste Muster, die beeinflussen, wie wir die Welt wahrnehmen, uns interpretieren und mit anderen interagieren. Sie können positiv oder negativ sein und bilden sich in der Regel aus unseren Erlebnissen, insbesondere in der Kindheit. Das Erkennen von Denkmustern ist entscheidend, um zu verstehen, wie unsere Gedanken unsere Emotionen und Verhaltensweisen beeinflussen. Diese Denkmuster sind wie Filter, durch die wir die Welt wahrnehmen, und sie können einen erheblichen Einfluss auf unser emotionales Wohlbefinden haben.

Der Ursprung negativer Gedanken:

Es ist völlig normal, von Zeit zu Zeit negative Gedanken zu haben. Wenn Sie sie jedoch ständig spüren, kann dies auf ein zugrunde liegendes Problem hinweisen. Hier sind einige mögliche Gründe, warum Sie immer negative Ideen haben:

1) **Automatische Gedanken:** Dies sind Gedanken, die spontan in Ihrem Kopf auftauchen, ohne dass Sie sie angefordert haben. Sie können negativ,

positiv oder neutral sein. In Ihrem Fall scheint es, dass Sie viele negative automatische Gedanken haben.

2) **Kognitive Verzerrungen:** Dies sind Denkfehler, die Ihre negativen Gedanken intensiver und unrealistischer machen können. Es gibt verschiedene Arten von kognitiven Verzerrungen, darunter:

   - **Katastrophismus:** Sie stellen sich vor, dass immer das Schlimmste passieren wird.
   - **Mentale Filter:** Du konzentrierst dich nur auf die negativen Aspekte einer Situation und ignorierst die positiven.
   - **Gedankenlesung:** Du denkst, du weißt, was andere über dich denken, ohne Beweise.
   - **Kennzeichnung:** Sie definieren sich durch Ihre Fehler oder Misserfolge.

3) **Geringes Selbstwertgefühl:** Wenn Sie ein geringes Selbstwertgefühl haben, neigen Sie dazu, sich selbst abzuwerten und zu denken, dass Sie nicht in der Lage sind, erfolgreich zu sein. Dies kann dazu führen, dass du negative Gedanken über dich selbst, deine Fähigkeiten und deine Erfolgschancen hast.

4) **Stress und Angst:** Stress und Angst können auch zu negativen Gedanken beitragen. Wenn Sie gestresst oder ängstlich sind, ist Ihr Gehirn in Alarmbereitschaft und erzeugt eher negative Gedanken.

5) **Traumata und negative Erfahrungen:** Wenn Sie in der Vergangenheit Traumata oder negative Erfahrungen erlebt haben, kann dies auch dazu führen, dass Sie eher negative Gedanken haben.

6) **Depression:** Depression ist eine psychische Erkrankung, die Symptome wie negative Gedanken, Traurigkeit, Verlust des Interesses an Aktivitäten und Schlafstörungen verursachen kann.

Was tun, wenn man immer negative Ideen hat?

Sie müssen Ihre Denkmuster identifizieren, um sich der negativen Gedanken bewusst zu werden, die zu Ihrer Angst und Ihrem Stress beitragen. Wenn Sie sie anerkennen, können Sie beginnen, sie durch positivere Gedanken zu ersetzen So geht's:

1. **Beobachtung:** Nehmen Sie sich einen Moment Zeit, um Ihre Gedanken in verschiedenen Situationen zu beobachten. Notieren Sie sich die Gedanken, die Ihnen in den Sinn kommen, wenn Sie mit Herausforderungen oder Stresssituationen konfrontiert werden. Zum *Beispiel*: Stellen Sie sich vor, Sie haben ein wichtiges Projekt vor sich. Deine Gedanken könnten sein: "Ich werde scheitern", "Ich bin nicht gut genug" oder "Alles wird schief gehen".

2. **Identifizierung:** Sobald Sie Ihre Gedanken beobachtet haben, versuchen Sie, wiederkehrende Muster zu identifizieren. Diese Muster können unter anderem negative Gedanken, katastrophale Gedanken oder Gedanken des Perfektionismus sein. Zum *Beispiel*: Sie erkennen, dass Sie in vielen Stresssituationen dazu neigen, katastrophal zu denken und sich das schlimmstmögliche Szenario vorzustellen.

3. **Bewertung:** Bewerten Sie Ihre Denkmuster, um festzustellen, ob sie realistisch und nützlich sind. Fragen Sie sich, ob diese Gedanken auf konkreten Fakten oder unbegründeten Annahmen beruhen und ob sie Ihnen helfen, Probleme zu lösen oder Sie ängstlicher machen. Zum *Beispiel*: Sie erkennen, dass Ihre katastrophalen Gedanken nicht auf realen Fakten basieren, sondern auf irrationalen Annahmen.

4. **Ersetzen:** Versuchen Sie abschließend, Ihre negativen Denkmuster durch positivere und realistischere Gedanken zu ersetzen. Dies kann Ihnen helfen, Angst und Stress abzubauen. Zum *Beispiel*: Anstatt zu denken "Ich werde scheitern", könntest du denken "Ich werde mein Bestes geben und aus dieser Erfahrung lernen, was auch immer das Ergebnis sein mag".

Aber das ist kindisch, wird sich mein Zustand nicht ändern, indem wir Sätze in meinem Kopf ändern? Es ist verständlich, Skepsis gegenüber den Auswirkungen zu haben, die eine Veränderung der Gedanken auf den emotionalen Zustand hat. Es gibt jedoch starke Beweise, die die Wirksamkeit dieses Ansatzes unterstützen. Hier sind einige Punkte, die Sie beachten sollten:

1. **Plastizität des Gehirns:** Studien haben gezeigt, dass unser Gehirn in der Lage ist, sich als Reaktion auf neue Erfahrungen, einschließlich neuer Denkweisen, neu zu strukturieren. Indem wir unsere Gedanken bewusst verändern, können wir positive neuronale Verbindungen stärken, die zu einem gesteigerten emotionalen Wohlbefinden beitragen.

2. **Kognitive Verhaltenstherapien (KVT):** KVT, die sich auf die Veränderung negativer Denkmuster konzentrieren, sind weithin als

wirksam bei der Behandlung von Angstzuständen, Depressionen und anderen psychischen Gesundheitsproblemen anerkannt. Diese Therapien basieren auf dem Prinzip, dass eine Veränderung unserer Gedanken zu einer Veränderung unserer Emotionen und Verhaltensweisen führen kann.

3. **Wirkung von Gedanken auf Emotionen:** Unsere Gedanken haben einen direkten Einfluss auf unsere Emotionen. Wenn wir zum Beispiel ständig negativ denken, fühlen wir uns eher ängstlich, traurig oder wütend. Indem wir unsere Gedanken in positivere und realistischere Gedanken umwandeln, können wir unseren emotionalen Zustand positiv beeinflussen.

4. **Einfluss auf Emotionen:** Studien haben gezeigt, dass unsere Gedanken unsere Gehirnchemie verändern und unseren emotionalen Zustand beeinflussen können. Zum Beispiel können negative Gedanken die Produktion des Stresshormons Cortisol erhöhen, während positive Gedanken die Produktion von Endorphinen, den sogenannten Glückshormonen, anregen können.

5. **Wirkung auf das Wohlbefinden:** Positive psychologische Untersuchungen haben gezeigt, dass das Ersetzen negativer Gedanken durch positive Gedanken das emotionale Wohlbefinden verbessern und die Symptome von Depressionen und Angstzuständen reduzieren kann.

6. **Einfluss auf das Verhalten:** Unsere Denkmuster beeinflussen auch unser Verhalten. Wenn du zum Beispiel dazu neigst, katastrophal zu denken, kannst du Situationen vermeiden, die dich herausfordern und deine Möglichkeiten für persönliches Wachstum einschränken.

7. **Ganzheitlicher Ansatz:** Gedankenveränderung ist nur ein Teil eines ganzheitlichen Ansatzes zur psychischen Gesundheit. In Kombination mit anderen Strategien wie Entspannungstechniken, Bewegung und sozialer Unterstützung kann die Veränderung von Denkmustern dazu beitragen, Ihr emotionales Wohlbefinden deutlich zu verbessern.

Zusammenfassend lässt sich sagen, dass, obwohl es einfach klingen mag, eine Veränderung der Gedanken einen signifikanten Einfluss auf Ihren emotionalen Zustand und Ihre Lebensqualität haben kann. Es mag Zeit und Übung erfordern, aber viele Menschen haben durch einen proaktiven Ansatz zur Veränderung ihrer Denkmuster deutliche Verbesserungen festgestellt.

Teil 2: KVT zur Behandlung von Angst und Stress

Kapitel 1: Prinzipien und Geschichte der KVT.

KVT wurde in den 1960er Jahren von den Psychiatern Aaron Beck und Albert Ellis entwickelt. Sie beobachteten, dass Patienten mit Depressionen oft negative und irrationale Gedanken hatten, die zu ihrem Zustand beitrugen. So entwickelten sie Techniken, um Patienten zu helfen, diese negativen Denkmuster zu erkennen und zu verändern, was zur KVT führte.

Die Kognitive und Verhaltenstherapie (KVT) ist ein weit verbreiteter Therapieansatz zur Behandlung einer Vielzahl von emotionalen und psychologischen Problemen. Sie basiert auf dem Prinzip, dass unsere Gedanken, Emotionen und Verhaltensweisen eng miteinander verbunden sind und dass wir durch die Veränderung unserer Gedanken und Verhaltensweisen unsere Emotionen und unser allgemeines Wohlbefinden beeinflussen können.

Stellen Sie sich Ihr Gehirn wie einen Garten vor:

- ➤ **Gedanken:** Das sind die Samen, die du pflanzt.
- ➤ **Emotionen:** Aus diesen Samen wachsen die Blüten.
- ➤ **Verhaltensweisen:** Dies sind die Maßnahmen, die Sie zur Pflege Ihres Gartens ergreifen.

Doch insgesamt haben die Bereit-

Indem du die Samen veränderst, die du pflanzt (deine Gedanken) und dich um deinen Garten kümmerst (dein Verhalten), kannst du die Blumen beeinflussen, die wachsen (deine Emotionen).

Beispiel:

- ➤ **Negativer Gedanke:** "Ich bin scheiße."
- ➤ **Emotion:** Traurigkeit und Entmutigung.
- ➤ **Verhalten:** Zu Hause eingesperrt bleiben und soziale Interaktionen vermeiden.

Durch Änderung des Denkens:

- ➤ **Neuer Gedanke:** "Ich habe Fähigkeiten und Qualitäten."
- ➤ **Emotion:** Motivation und Selbstvertrauen.
- ➤ **Verhalten:** Aus dem Haus gehen, neue Leute kennenlernen und sich an positiven Aktivitäten beteiligen.

Erläuterung:

- ➢ **TCC = Gardening:** Kümmere dich um deinen mentalen Garten, um positive Emotionen zu kultivieren.
- ➢ **Gedanken = Samen:** Wählen Sie die Samen (Gedanken), die die Blumen (Emotionen) nähren, die Sie blühen sehen möchten.
- ➢ **Verhalten = Bewässerung und Pflege:** Pflegen Sie Ihren Garten (Geist) durch gesundes und positives Verhalten.

Kurz gesagt, KVT ermöglicht es Ihnen, die Kontrolle über Ihren mentalen Garten zu übernehmen und das emotionale Wohlbefinden zu fördern, das Sie verdienen.

Dieser Therapieansatz basiert auf mehreren Schlüsselkonzepten:

1. **Gedanken beeinflussen Emotionen:** KVT erkennt an, dass unsere Gedanken eine entscheidende Rolle dabei spielen, wie wir uns fühlen. Wenn wir zum Beispiel ständig negative Gedanken haben, fühlen wir uns eher traurig, ängstlich oder wütend.
2. **Emotionen beeinflussen das Verhalten:** Unsere Emotionen beeinflussen auch unser Verhalten. Wenn wir zum Beispiel ängstlich sind, könnten wir Situationen vermeiden, in denen wir uns unwohl fühlen, was unsere Angst langfristig verstärken kann.
3. **Verhaltensweisen beeinflussen Gedanken:** Unsere Verhaltensweisen können auch unsere Gedanken beeinflussen. Wenn wir zum Beispiel positiv und proaktiv handeln, denken wir eher positiv.

Durch die Veränderung unserer negativen Denkmuster und schlecht adaptiven Verhaltensweisen zielt KVT darauf ab, unser emotionales Wohlbefinden zu verbessern. Dieser Ansatz basiert auf Techniken wie der kognitiven Umstrukturierung, die darin besteht, negative Gedanken zu identifizieren und durch realistischere und positivere Gedanken zu ersetzen, sowie auf Verhaltenstechniken wie der progressiven Exposition, die darin besteht, gefürchtete Situationen schrittweise zu konfrontieren, um Angstzustände zu reduzieren.

Kurz gesagt, KVT ist ein wirksamer therapeutischer Ansatz, der Menschen hilft, ihre Gedanken, Emotionen und Verhaltensweisen besser zu verstehen und zu ändern, um ihr emotionales Wohlbefinden und ihre Lebensqualität zu verbessern.

Verschiedene Generationen kognitiver Therapien.

Kognitive Therapien haben sich im Laufe der Jahrzehnte weiterentwickelt, jede mit neuen Ideen und Techniken, um Menschen zu helfen, ihre Gedanken und Emotionen effektiver zu managen. Hier ein Überblick über die verschiedenen Generationen kognitiver Therapien:

1. **Erste Generation:** Die erste Generation kognitiver Therapien entstand in den 1960er und 1970er Jahren, hauptsächlich dank der Arbeit von Aaron Beck und Albert Ellis. Diese Therapien konzentrierten sich auf die Veränderung des negativen und irrationalen Denkens der Patienten unter Verwendung von Techniken wie kognitiver Umstrukturierung und sokratischem Dialog. Zum Beispiel identifiziert ein Patient mit sozialer Angst negative automatische Gedanken ("Ich werde mich lächerlich machen") und ersetzt sie durch rationalere Gedanken ("Ich bin in der Lage, mit dieser Situation umzugehen").

2. **Zweite Generation:** In den 1980er und 1990er Jahren entstand eine zweite Generation kognitiver Therapien, die sich stärker auf die zugrunde liegenden Denkmuster und Grundüberzeugungen der Patienten konzentrierten. Diese Therapien, wie die Jeffrey-Young-Schema-Therapie, zielten darauf ab, tief verwurzelte Denkmuster zu identifizieren und zu verändern, die zu den emotionalen Problemen der Patienten beitrugen. Zum Beispiel entdeckt ein depressiver Patient ein Muster des verlassenen Denkens und lernt, es in Frage zu stellen und gesündere Überzeugungen über Beziehungen zu entwickeln.

3. **Dritte Generation:** Die dritte Generation kognitiver Therapien ist jünger und konzentriert sich auf Konzepte wie Achtsamkeit und Akzeptanz. Ansätze wie die Akzeptanz- und Commitment-Therapie (ACT) und die achtsamkeitsbasierte kognitive Verhaltenstherapie (Achtsamkeits-basierte kognitive Verhaltenstherapie (Achtsamkeits-basierte kognitive Verhaltenstherapie, CBMT) sollen den Patienten helfen, ihre Gedanken und Emotionen ohne Urteil zu akzeptieren, was

ihre Auswirkungen auf ihr emotionales Wohlbefinden reduzieren kann. Zum Beispiel lernt ein ängstlicher Patient, seine Gedanken und Emotionen mit Mitgefühl und ohne Urteil zu beobachten, wodurch ihre Auswirkungen auf sein Wohlbefinden verringert werden.

4. **Integration von Ansätzen:** Heutzutage integrieren viele Praktiker unterschiedliche kognitive Ansätze entsprechend den individuellen Bedürfnissen der Patienten. Zum Beispiel kann eine Therapie Elemente der traditionellen KVT mit Achtsamkeitstechniken oder Denkmuster-orientierten Ansätzen kombinieren. Zum Beispiel kombiniert ein Patient klassische KVT, um negative Gedanken mit Achtsamkeit zu identifizieren, um mit ihnen umzugehen und sie gelassener zu akzeptieren.

Zusammenfassend lässt sich sagen, dass kognitive Therapien seit ihren Anfängen einen langen Weg zurückgelegt haben und ihre Entwicklung weiterhin neue Perspektiven und effektivere Ansätze bietet, um Menschen bei der Bewältigung ihrer Gedanken und Emotionen zu unterstützen.

Warum ist es wirksam?

Kognitive Verhaltenstherapie (KVT): Emotionale Gartenarbeit zur Förderung des Wohlbefindens. Seine Wirksamkeit basiert auf einer soliden wissenschaftlichen Grundlage und einem logischen Ansatz, der sowohl auf intellektueller als auch auf emotionaler Ebene resoniert.

Hard Science Proof

➤ **Strenge Studien:** Hunderte von wissenschaftlichen Studien haben die Wirksamkeit der KVT bei der Behandlung verschiedener psychischer Störungen wie Angstzuständen, Depressionen, Phobien und Zwangsstörungen nachgewiesen.

➤ **Wirksamkeit vergleichbar mit Medikamenten:** KVT erweist sich oft als genauso wirksam wie Medikamente zur Behandlung bestimmter Störungen und bietet den Vorteil eines nicht-invasiven und nebenwirkungsfreien Ansatzes.

➤ **Anpassungsfähiger Prozess:** KVT ist eine flexible Therapie, die sich an die spezifischen Bedürfnisse jedes Einzelnen anpassen lässt. Der Therapeut kann die Techniken und Interventionen entsprechend dem Fortschritt und den Merkmalen des Patienten anpassen.

Emotionale Logik:

- **Verbindung zwischen Gedanken, Emotionen und Verhaltensweisen:** Die KVT erkennt die Verbindung zwischen unseren Gedanken, Emotionen und Verhaltensweisen. Indem wir eines dieser Elemente verändern, können wir die anderen beeinflussen.
- **Erlernen neuer Fähigkeiten:** Die KVT bietet konkrete Werkzeuge und Techniken, die im Alltag angewendet werden können, um negative Gedanken zu identifizieren und zu verändern, gesunde Verhaltensweisen anzunehmen und mit schwierigen Emotionen umzugehen.
- **Empowerment und Empowerment:** KVT ermutigt den Patienten, eine aktive Rolle in seinem Heilungsprozess zu übernehmen. Er wird Akteur seiner Veränderung und entwickelt Fähigkeiten, um seine psychische Gesundheit besser zu managen.

Analogie der emotionalen Gartenarbeit:

- **Wohlbefinden kultivieren:** KVT ist wie emotionales Gärtnern, bei dem der Patient lernt, positive Gedanken zu kultivieren, mit Emotionen umzugehen und gesunde Verhaltensweisen zu entwickeln, um zu blühen und zu gedeihen.
- **Sich um sich selbst kümmern:** Die KVT ermutigt den Patienten, sich um seinen "mentalen Garten" zu kümmern, indem er in Praktiken investiert, die sein emotionales Wohlbefinden fördern.
- **Kontinuierlicher Prozess:** Die Pflege eines Gartens ist eine ständige Arbeit. Ebenso ist die KVT Teil eines Lern- und persönlichen Entwicklungsprozesses, der über die Therapie hinausgeht.

Zusammenfassend erweist sich KVT als wirksamer und wissenschaftlich validierter Ansatz zur Förderung des emotionalen Wohlbefindens und zur Verbesserung der Lebensqualität. Seine emotionale Logik und Anpassungsfähigkeit machen es zu einem wertvollen Werkzeug für jeden, der seine psychische Gesundheit in die Hand nehmen und in Richtung einer ruhigeren und erfüllteren Zukunft blühen möchte.

Kapitel 2: Kognitive Techniken.

In diesem Kapitel werden wir die kognitiven Techniken untersuchen, die im Mittelpunkt der kognitiven Verhaltenstherapie (KVT) stehen. Diese Ansätze, die aus jahrzehntelanger Forschung und klinischer Praxis hervorgegangen sind, zielen darauf ab, die Denkmuster und Überzeugungen zu verändern, die zu emotionalen Störungen beitragen. Wir werden sehen, wie kognitive Umstrukturierung, Dezentrierung und Achtsamkeitsmeditation sowie die Veränderung automatischer Gedanken dazu beitragen können, unser emotionales Wohlbefinden und unsere Lebensqualität zu verbessern. In Übungen und konkreten Beispielen erfahren wir, wie wir diese Techniken in die Praxis umsetzen können, um unsere Denk- und Lebensweise zu verändern.

Kognitive Umstrukturierung.

Die kognitive Umstrukturierung ist eine Schlüsseltechnik der kognitiven Verhaltenstherapie (KVT), die darauf abzielt, negative oder irrationale Denkmuster zu verändern, die zu emotionalen Störungen wie Depressionen und Angstzuständen beitragen. Dieser Ansatz basiert auf dem Prinzip, dass unsere Gedanken unsere Emotionen und Verhaltensweisen beeinflussen und dass wir durch die Veränderung unserer Gedanken die Art und Weise ändern können, wie wir uns fühlen und handeln. Stellen Sie sich vor, Sie tragen eine verzerrende Brille, die Sie die Welt negativ sehen lässt. Diese Brille repräsentiert Ihr negatives Denkmuster. Die kognitive Umstrukturierung besteht darin, diese verzerrende Brille zu entfernen und durch eine Brille zu ersetzen, die es Ihnen ermöglicht, die Welt realistischer und positiver zu sehen. Wenn Sie zum Beispiel dazu neigen, "Ich bin ein Versager" zu denken, wenn Sie einen Fehler machen, würde die kognitive Umstrukturierung Sie ermutigen, diesen Gedanken durch etwas realistischeres und konstruktiveres wie "Ich mache manchmal Fehler, aber das bedeutet nicht, dass ich als Person ein Versager bin" zu ersetzen.

Die kognitive Schreinerei: Positive Gedanken formen
Stellen Sie sich Ihren Geist wie eine Schreinerei vor.

> **Gedanken:** Das sind die Holzblöcke, mit denen du deine Skulpturen gestaltest.

- ➤ **Emotionen:** Das sind die Skulpturen, die Sie aus diesen Holzblöcken schaffen.
- ➤ **Kognitive Umstrukturierung:** Es ist die Kunst, rohe Gedankenblöcke in Skulpturen der Hoffnung und des Wohlbefindens zu verwandeln.

Warum ist das wichtig?

- ➤ **Negative Gedanken:** Sie können wie verzerrte und deformierte Holzklötze sein, die unvollkommene und zerbrechliche Skulpturen erzeugen.
- ➤ **Kognitive Umstrukturierung:** Sie ermöglicht es Ihnen, an diesen Holzblöcken zu arbeiten, sie zu glätten und zu polieren, um solide und schöne Skulpturen zu schaffen.

Wie funktioniert das?

1. Negative Gedanken identifizieren:

- ➤ **Identifizieren Sie automatische Gedanken:** Die Gedanken, die spontan in Ihrem Kopf auftauchen, ohne dass Sie sie angefordert haben.
- ➤ **Analysieren Sie Ihre Gedanken:** Fragen Sie sich, ob Ihre Gedanken realistisch und evidenzbasiert sind.
- ➤ **Beachten Sie den Einfluss Ihrer Gedanken:** Wie beeinflussen Ihre Gedanken Ihre Emotionen und Ihr Verhalten?

2. Negative Gedanken umwandeln:

- ➤ **Fordern Sie Ihre Gedanken heraus:** Fordern Sie die kognitiven Verzerrungen und Denkfehler heraus, die Ihre negativen Gedanken befeuern.
- ➤ **Entwickeln Sie alternative Gedanken:** Suchen Sie nach Beweisen, die positivere und realistischere Gedanken unterstützen.
- ➤ **Wenden Sie spezifische Techniken an:** Die kognitive Umstrukturierung bietet verschiedene Techniken, um Ihre Gedanken zu verändern, wie die **kognitive Dezentrierung**, die **ABC-Methode** oder die **Technik der Sokratischen Fragen**.

Beispiel:

> - **Negativer Gedanke:** "Ich werde meine Prüfung nicht bestehen."
> - **Kognitive Verzerrung:** Katastrophismus - "Ich bin nicht in der Lage, irgendetwas zu erreichen."
> - **Herausforderung des Denkens:** „Habe ich wirklich alle meine Prüfungen nicht bestanden? Gibt es Situationen, in denen ich es geschafft habe?"
> - **Alternatives Denken:** „Ich habe Fähigkeiten und habe hart gearbeitet. Wenn ich weiter lerne und mich vorbereite, habe ich gute Chancen auf Erfolg."

Erklärung

> - **Kognitive Umstrukturierung = Schreinerei:** Negative Gedanken in positive zu verwandeln, ist wie rohe Holzklötze in raffinierte und elegante Skulpturen zu verwandeln.
> - **Negative Gedanken = Rohe Holzblöcke:** Sie können deformiert und schwer zu verarbeiten sein und Ihre Kreativität und Ihr Potenzial einschränken.
> - **Positive Gedanken = Raffinierte Skulpturen:** Sie sind schön, solide und ermöglichen es Ihnen, ein positiveres und erfüllteres Leben zu schaffen.

Zusammenfassend ist die kognitive Umstrukturierung ein leistungsstarkes Werkzeug, um Ihren mentalen Workshop zu transformieren und ein positiveres und erfüllteres Leben zu gestalten. Durch das Üben der kognitiven Umstrukturierung kannst du die Art und Weise verändern, wie du die Ereignisse in deinem Leben wahrnimmst und dein Stress- und Angstniveau senken. Dies kann Ihnen helfen, eine ausgewogenere und konstruktivere Perspektive einzunehmen, die Ihr emotionales Wohlbefinden und Ihre Lebensqualität verbessern kann.

Konzentration und Achtsamkeitsmeditation.

Dezentrierung und Achtsamkeitsmeditation sind Techniken der kognitiven Verhaltenstherapie (KVT), die darauf abzielen, ein achtsames und friedliches Bewusstsein für Gedanken, Emotionen und Empfindungen zu kultivieren. Diese Praktiken können dazu beitragen, Stress, Angstzustände und Depressionen zu reduzieren, indem sie es den Menschen ermöglichen, von ihren Gedanken und Emotionen Abstand zu nehmen und sie distanziert und objektiv zu beobachten. Stellen Sie sich vor, Ihr Geist ist wie ein Himmel voller Wolken. Gedanken und Emotionen sind vorbeiziehende Wolken, aber anstatt sich von ihnen mitreißen zu lassen, helfen Ihnen Dezentrierung und Achtsamkeitsmeditation, am Himmel zu bleiben und die vorbeiziehenden Wolken zu beobachten, ohne sich daran festzuhalten. Die Dezentrierung besteht darin, von seinen Gedanken und Emotionen Abstand zu nehmen und sie als vorübergehende mentale Ereignisse und nicht als objektive Realitäten zu betrachten. Dadurch wird die Identifikation mit den eigenen Gedanken und Emotionen reduziert, was zu mehr emotionaler Stabilität beitragen kann.

Bei der Achtsamkeitsmeditation geht es darum, dem gegenwärtigen Moment besondere Aufmerksamkeit zu schenken, indem man sich auf seine körperlichen Empfindungen, seinen Atem oder seine Gedanken konzentriert, ohne zu urteilen. Dadurch wird ein größeres Selbst- und Umweltbewusstsein kultiviert, was Stress und Ängste reduzieren kann. Wenn Sie sich zum Beispiel über eine bevorstehende Situation ängstlich fühlen, können Sie durch Dezentrierung und Achtsamkeitsmeditation von dieser Angst Abstand nehmen und sie als normale mentale Reaktion und nicht als unvermeidliche Realität betrachten. Dies kann dir helfen, effektiver mit deiner Angst umzugehen und deren Auswirkungen auf dein emotionales Wohlbefinden zu reduzieren. Nachfolgend die Zubereitung

Zur Praxis der Achtsamkeitsmeditation.

1) **Finden Sie einen ruhigen Ort:** Wählen Sie einen Ort, an dem Sie nicht gestört werden und sich wohl fühlen.
2) **Nehmen Sie eine bequeme Haltung ein:** Setzen oder legen Sie sich in eine bequeme Position. Halten Sie Ihren Rücken gerade und entspannt.
3) **Konzentrieren Sie sich auf Ihre Atmung:** Richten Sie Ihre Aufmerksamkeit auf Ihre Atmung. Beobachten Sie, wie die Luft in Ihre Lunge eindringt und sie verlässt, ohne zu versuchen, sie zu kontrollieren.
4) **Seien Sie sich Ihrer Gedanken bewusst:** Lassen Sie Ihre Gedanken kommen und gehen, ohne sie zu beurteilen. Richte deine Aufmerksamkeit langsam wieder auf deinen Atem, wenn du bemerkst, dass dein Geist wandert.

5) **Seien Sie sich Ihrer Empfindungen bewusst:** Achten Sie auch auf die körperlichen Empfindungen Ihres Körpers, wie Verspannungen, Kribbeln oder Schmerzen, und bleiben Sie dabei immer in einer wohlwollenden Haltung zu sich selbst.

6) **Üben Sie regelmäßig:** Versuchen Sie, jeden Tag einige Minuten lang Achtsamkeitsmeditation zu praktizieren. Erhöhen Sie die Dauer Ihrer Sitzungen schrittweise, wenn Sie sich wohler fühlen.

7) **Integrieren Sie Achtsamkeit in Ihren Alltag:** wie Essen, Gehen oder Duschen, mit voller Präsenz in jedem Moment.

Die Technik der sokratischen Fragen:

Die Technik der sokratischen Fragen, auch Mäeutik genannt, ist eine Lern- und Reflexionsmethode aus der antiken griechischen Philosophie. Sie besteht darin, eine Reihe von wohlwollenden und offenen Fragen zu stellen, um den Gesprächspartner dazu zu bringen, seine eigenen Gedanken zu erforschen, seine Ideen zu klären und seine eigenen Wahrheiten zu entdecken. Sokrates, der Urheber dieser Technik, behauptete nicht, die Wahrheit zu besitzen, sondern den Menschen zu helfen, ihre eigene Weisheit zu gebären. Er nutzte die Kunst des Hinterfragens, um kritisches Denken anzuregen und Vorurteile in Frage zu stellen.

Hier sind einige Schlüsselprinzipien der Technik der sokratischen Fragen:

- ➤ **Offene Fragen stellen**, die nicht mit einem einfachen "Ja" oder "Nein" beantwortet werden können.
- ➤ **Hören Sie sich die Antworten des Gesprächspartners aufmerksam** an und formulieren Sie seine Äußerungen bei Bedarf neu.
- ➤ **Keine direkten Antworten geben**, sondern den Gesprächspartner ermutigen, selbst nachzudenken.
- ➤ **Verwenden Sie Fragen, um die Auswirkungen** der Ideen und Argumente des Gesprächspartners zu untersuchen.
- ➤ **Respektieren Sie die Meinungen des Gesprächspartners**, auch wenn diese von Ihren abweichen.

Die Technik der sokratischen Fragen kann in vielen Kontexten eingesetzt werden, wie zum Beispiel:

- ➢ **Bildung**: um Schülerinnen und Schüler zu ermutigen, kritisch zu denken und ihr eigenes Weltverständnis zu entwickeln.
- ➢ **Coaching**: um Klienten zu helfen, ihre Ziele zu identifizieren und Lösungen für ihre Probleme zu finden.
- ➢ **Das Management**: um die Zusammenarbeit und die kollektive Entscheidungsfindung zu fördern.
- ➢ **Alltag**: zur Verbesserung der Kommunikation und des gegenseitigen Verständnisses.

Hier einige Beispiele für sokratische Fragen:

- ➢ Können Sie mir sagen, was Sie mit... meinen?
- ➢ Welche Beweise stützen Ihre Behauptung?
- ➢ Welche rechtlichen Auswirkungen hätte diese Maßnahme?
- ➢ Gibt es noch andere Gesichtspunkte zu berücksichtigen?
- ➢ Wie fühlst du dich in dieser Situation?
- ➢ Was möchten Sie aus dieser Situation herausholen?

Die Technik der sokratischen Fragen ist ein kraftvolles und anregendes Werkzeug, das Ihnen helfen kann, zu lernen, zu denken und zu wachsen. Indem Sie es konstruktiv und respektvoll einsetzen, können Sie Ihre Kommunikations-, kritischen Denk- und Problemlösungsfähigkeiten verbessern.

> **Beispiel für sokratische Fragen für den Fall von Stress und Angst:**
>
> **Situation:** Sie bereiten eine wichtige Präsentation vor und verspüren ein starkes Gefühl von Stress und Angst.
>
> **Sokratische Fragen:**
>
> - ➢ Was bereitet Ihnen Stress?
> - ➢ Welche Gedanken gehen Ihnen gerade durch den Kopf?
> - ➢ Basieren diese Gedanken auf der Realität oder auf irrationalen Ängsten?
> - ➢ Was könnte schlimmer sein, wenn Ihre Präsentation schief geht?
> - ➢ Lohnt es sich, sich so viele Gedanken über ein hypothetisches Ereignis zu machen?

➢ Welche Stärken und Fähigkeiten können Ihnen dabei helfen, Ihre Präsentation zum Erfolg zu führen?
➢ Was können Sie konkret tun, um Stress und Angst abzubauen?
➢ Haben Sie in der Vergangenheit ähnliche Situationen erlebt? Wie sind Sie mit ihnen umgegangen?
➢ Was haben Sie aus diesen Erfahrungen gelernt?
➢ Wie können Sie diese Erkenntnisse nutzen, um mit der aktuellen Situation umzugehen?

Indem Sie diese Fragen ehrlich und nachdenklich beantworten, können Sie:

➢ Verstehen Sie die Ursachen Ihres Stresses und Ihrer Angst.
➢ Identifizieren Sie irrationale Gedanken, die zu Ihrem Unwohlsein beitragen.
➢ Entwickeln Sie rationalere und positivere Gedanken.
➢ Konkrete Strategien zur Bewältigung von Stress und Angst entwickeln.

Es ist wichtig zu beachten, dass die Technik der sokratischen Fragen keine schnelle Lösung ist. Es braucht Zeit, Geduld und regelmässiges Üben. Es kann jedoch ein wertvolles Werkzeug sein, um Stress und Angst besser zu bewältigen und Ihre Lebensqualität zu verbessern.

Hier sind einige Tipps, wie Sie die Technik der sokratischen Fragen effektiv nutzen können:

➢ Stellen Sie Fragen im Geiste der Offenheit und des Wohlwollens.
➢ Hören Sie sich die Antworten Ihres Gesprächspartners aufmerksam an, ohne ihn zu beurteilen.
➢ Geben Sie keine direkten Antworten, sondern ermutigen Sie ihn, selbst nachzudenken.
➢ Verwenden Sie einen ruhigen und gelassenen Ton.
➢ Seien Sie geduldig und ausdauernd.

Zusammenfassend lässt sich sagen, dass die Technik der sokratischen Fragen eine einfache und leistungsstarke Methode ist, um zu lernen, mit Stress und Angst umzugehen. Wenn Sie es regelmäßig und nachdenklich anwenden, können Sie Ihr geistiges und emotionales Wohlbefinden verbessern.

Die ABC-Methode in der KVT:

Die ABC-Methode ist eine einfache und effektive Technik. Sie hilft, die Zusammenhänge zwischen unseren Gedanken, Emotionen und Verhaltensweisen zu verstehen und zu verändern. Das ABC-Modell basiert auf der Idee, dass unsere Emotionen nicht direkt durch äußere Ereignisse verursacht werden, sondern vielmehr durch unsere Interpretationen dieser Ereignisse. Diese Interpretationen oder Überzeugungen können rational oder irrational sein.

VoIP ist die Abkürzung für

- **A: Aktivierung** (das äußere Ereignis)
- **B: Beliefs** (Überzeugungen und Gedanken)
- **C: Folgen** (Emotionen und Verhaltensweisen)

So funktioniert die ABC-Methode:

1. **Identifizieren Sie das äußere Ereignis** (A), das eine negative Emotion ausgelöst hat.
2. **Schreibe die Gedanken und Überzeugungen** (B) auf, die dir in diesem Moment durch den Kopf gegangen sind.
3. **Analysieren Sie Ihre Gedanken**: Sind sie rational oder irrational? Gibt es kognitive Verzerrungen?
4. **Identifizieren Sie die Folgen** (C) Ihrer Gedanken: gefühlte Emotionen und angenommene Verhaltensweisen.
5. **Reflektieren Sie Ihre irrationalen Gedanken** und ersetzen Sie sie durch rationalere und positivere Gedanken.
6. **Beobachten Sie Veränderungen** in Ihren Emotionen und Verhaltensweisen.

Die ABC-Methode kann verwendet werden, um viele schwierige Situationen zu bewältigen, wie: Angst, Wut, Depression, Stress, negatives Denken, unangepasstes Verhalten...

Anwendungsbeispiel der ABC-Methode bei Stress und Angst:

Situation: Sie fahren auf einer stark befahrenen Autobahn und beginnen Stress und Angst zu empfinden.

A - Aktivierung (das äußere Ereignis):

- ➢ Sie befinden sich auf einer stark befahrenen Autobahn.
- ➢ Es herrscht viel Verkehr und die Autos fahren schnell.
- ➢ Sie haben es eilig, an Ihr Ziel zu kommen.

B - Beliefs (Gedanken und Überzeugungen):

- ➢ einen Unfall haben
- ➢ "Ich werde mich verirren."
- ➢ „Ich bin nicht in der Lage, unter diesen Bedingungen zu fahren."
- ➢ »Ich komme zu spät.«
- ➢ "Alle werden mich hupen."

C - Folgen (Emotionen und Verhaltensweisen):

- ➢ Sie spüren einen Anstieg von Stress und Angst.
- ➢ Ihr Herz schlägt heftig.
- ➢ Sie haben kalten Schweiß.
- ➢ Es fällt Ihnen schwer, sich auf die Straße zu konzentrieren.
- ➢ Sie haben Lust, die Autobahn zu verlassen.

Anfechtung der Gedanken:

- ➢ *»Bin ich wirklich in Gefahr? Gibt es Statistiken, die belegen, dass ich auf einer stark befahrenen Autobahn eher einen Unfall habe?"*
- ➢ *„Habe ich in der Vergangenheit schon mal einen Unfall gehabt? Bin ich ein vorsichtiger Fahrer?"*
- ➢ *»Ist es wirklich so wichtig, zu spät zu kommen?«*
- ➢ *„Was würden andere denken, wenn ich ihnen sagen würde, dass ich Schwierigkeiten habe, auf der Autobahn zu fahren?"*

Alternative Gedanken:

- ➢ *„Ich bin ein fähiger Fahrer und kann mit dieser Situation umgehen."*
- ➢ *„Ich nehme mir Zeit und fahre vorsichtig."*
- ➢ *„Wenn ich mich zu gestresst fühle, kann ich auf einem Rastplatz anhalten."*
- ➢ *„Es ist normal, von Zeit zu Zeit Stress zu empfinden."*

Neue Konsequenzen:

➤ Du fühlst dich ruhiger und entspannter.
➤ Sie sind in der Lage, sich auf die Straße zu konzentrieren.
➤ Sie fahren vorsichtig und kommen sicher ans Ziel.

Zusammenfassend kann die ABC-Methode Ihnen helfen, irrationale Gedanken zu identifizieren, die zu Ihrem Stress und Ihrer Angst beitragen. Indem Sie sie herausfordern und durch rationalere und positivere Gedanken ersetzen, können Sie Ihre Emotionen und Verhaltensweisen besser managen.

Entspannungstechniken

Entspannungstechniken sind wirksame Mittel, um Stress und Ängste abzubauen und einen Zustand der Ruhe und Entspannung zu fördern. Sie werden in verschiedenen therapeutischen Ansätzen, einschließlich der kognitiven Verhaltenstherapie, eingesetzt, um Menschen bei der Bewältigung ihrer Emotionen und körperlichen Reaktionen auf Stress zu unterstützen. Hier sind einige der am häufigsten verwendeten Entspannungstechniken:

1. **Tiefes Atmen:** Nehmen Sie sich einen Moment Zeit, um bequem zu sitzen, schließen Sie die Augen und konzentrieren Sie sich auf Ihren Atem. Atmen Sie tief durch die Nase ein, blasen Sie Ihren Bauch auf und atmen Sie dann langsam durch den Mund aus. Wiederholen Sie diesen Vorgang mehrmals und konzentrieren Sie sich dabei auf Ihre Atmung, die helfen kann, das Nervensystem zu beruhigen und Angstgefühle zu reduzieren. So praktizieren Sie es:

   - Finden Sie einen ruhigen Ort, an dem Sie bequem sitzen können.
   - Schließen Sie die Augen und konzentrieren Sie sich auf Ihren Atem.
   - Atmen Sie tief durch die Nase ein, zählen Sie bis vier und spüren Sie, wie Ihr Bauch anschwillt.
   - Halten Sie für eine Viererzählung kurz den Atem an.
   - Atmen Sie langsam durch den Mund für eine Zählung von vier aus und spüren Sie, wie sich Ihr Bauch entleert.

- Wiederholen Sie diesen tiefen Atmungsprozess für ein paar Minuten, konzentrieren Sie sich auf Ihren regelmäßigen Atemrhythmus und lassen Sie ablenkende Gedanken los, ohne sich daran festzuhalten.

2. **Progressive Muskelentspannung:** Legen Sie sich zunächst hin oder setzen Sie sich bequem hin. Spannen Sie die Muskeln eines Teils Ihres Körpers an, wie die Arme, und entspannen Sie sie dann vollständig, während Sie sich auf das Gefühl der Entspannung konzentrieren. Wechseln Sie dann zu einem anderen Körperteil, wie den Beinen, und wiederholen Sie den Vorgang, bis Sie alle Muskelgruppen entspannt haben. Diese Technik kann helfen, Körperspannungen zu lösen und ein allgemeines Entspannungsgefühl zu fördern. So praktizieren Sie es:

- Legen Sie sich hin oder setzen Sie sich bequem hin.
- Beginnen Sie mit Ihren Fußmuskeln. Spannen Sie sie an, indem Sie die Muskeln für einige Sekunden anspannen, und entspannen Sie sie dann vollständig, während Sie spüren, wie sich die Entspannung ausbreitet.
- Gehen Sie schrittweise an Ihrem Körper entlang, indem Sie jede Muskelgruppe von den Beinen bis zum Kopf anspannen und entspannen.
- Nehmen Sie sich Zeit, um bei jedem Schritt Entspannung und Entspannung zu spüren.
- Achte auf das Gefühl der Entspannung und Leichtigkeit in den Muskeln, wenn du sie entspannst.

3. **Geführte Visualisierung:** Stellen Sie sich einen ruhigen und friedlichen Ort vor, wie einen Strand oder einen Garten. Visualisieren Sie die Details dieses Ortes, die Farben, Geräusche und Empfindungen. Tauchen Sie geistig in diese entspannende Umgebung ein und lassen Sie Ihrer Fantasie ein beruhigendes Erlebnis schaffen. Diese Technik kann helfen, von Stress abzulenken und einen Zustand tiefer Entspannung zu induzieren. So praktizieren Sie es:

- Setzen Sie sich bequem hin oder legen Sie sich an einen ruhigen Ort.
- Schließen Sie die Augen und beginnen Sie, sich einen ruhigen und entspannenden Ort wie einen Strand oder einen Garten vorzustellen.

- Visualisieren Sie die Details dieses Ortes, die Farben, Formen, Klänge und Empfindungen.
- Versuchen Sie, mit allen Sinnen in diese mentale Erfahrung einzutauchen.
- Bleiben Sie so lange in diesem Zustand der geführten Visualisierung, wie Sie möchten, und konzentrieren Sie sich auf das Gefühl von Ruhe und Entspannung

4. **Achtsamkeitsmeditation:** Setzen Sie sich bequem hin und achten Sie auf den Moment, ohne die entstehenden Gedanken oder Empfindungen zu beurteilen. Lass die Gedanken vorbeiziehen, ohne dich daran festzuhalten, indem du dich auf deine Atmung oder Körperempfindungen konzentrierst. Achtsamkeitsmeditation kann helfen, einen Zustand der Ruhe und Präsenz zu kultivieren, indem sie mentales Wiederkäuen reduziert und Entspannung fördert. So praktizieren Sie es:
   - Setzen Sie sich in eine bequeme Position, die Füße flach auf dem Boden und die Hände auf dem Schoß.
   - Schließen Sie die Augen und achten Sie auf Ihre Atmung. Beachten Sie die Bewegung der Luft, die Ihren Körper betritt und verlässt.
   - Lassen Sie die Gedanken vorbeiziehen, ohne sich an ihnen festzuhalten, indem Sie sie einfach beobachten, ohne sie zu beurteilen.
   - Achten Sie auf Ihre Körperempfindungen, wie Berührungsgefühle mit dem Stuhl, Spannungs- oder Entspannungsgefühle in verschiedenen Körperteilen.
   - Wenn sich dein Geist vom gegenwärtigen Moment entfernt, richte deine Aufmerksamkeit langsam wieder auf deinen Atem oder auf die körperlichen Empfindungen.

Es ist zu beachten, dass jeder unterschiedliche Vorlieben in Bezug auf Entspannungstechniken haben kann. Es kann hilfreich sein, mit verschiedenen Methoden zu experimentieren, um die für Sie am besten geeigneten zu finden. Darüber hinaus wird die regelmäßige Anwendung von Entspannungstechniken allgemein empfohlen, um die Vorteile voll auszuschöpfen.

Ändern der automatischen Gedanken.

Automatische Gedanken zu verändern, ist wie dein inneres Mental neu zu dekorieren. Stellen Sie sich Ihren Geist als einen Raum vor, in dem automatische Gedanken die antiken Möbel sind, die Ihnen nicht mehr gefallen. Sie haben die Macht, sie durch neue Möbel zu ersetzen, die besser zu Ihrem Stil passen und Sie glücklich machen.

Pourquoi est-ce important ? Automatische Gedanken können wie sperrige Möbel sein, die deinen mentalen Raum verstopfen und dich davon abhalten, dich wohl zu fühlen. Indem du sie veränderst, schaffst du ein angenehmeres und erfüllteres mentales Umfeld.

Wie funktioniert das?

1. **Automatische Gedanken erkennen:** Notieren Sie sich Gedanken, die spontan auftauchen. Und analysieren Sie deren Einfluss auf Ihre Stimmung und Ihr Verhalten.
2. **Automatische Gedanken herausfordern:** Stellen Sie die Gültigkeit dieser Gedanken in Frage. Und suche nach Beweisen für oder gegen diese Gedanken.
3. **Automatisches Denken ersetzen:** Entwickeln Sie positivere und realistischere alternative Gedanken. Und visualisiere, wie du nach diesen neuen Gedanken handelst.

Beispiel:

➤ Automatischer Gedanke: "Ich werde scheitern."
➤ Alternativer Gedanke: „Ich kann aus meinen Fehlern lernen und mich verbessern."

Zusammenfassend lässt sich sagen, dass das Ändern automatischer Gedanken ein effektiver Weg ist, um deinen Geist so umzugestalten, dass er positiver ist und deinen Bestrebungen besser entspricht. Das kann dir helfen, dich besser zu fühlen und das Leben selbstbewusster und gelassener anzugehen.

Hier ist ein praktisches Blatt, das Sie nutzen können, um dies in die Praxis umzusetzen:

<table><tr><td style="background:black;color:white">PRAKTISCHE HINWEISE</td></tr></table>

Um Ihre Denkmuster zu identifizieren, können Sie ein Tagebuch führen, in dem Sie Ihre täglichen Gedanken notieren, oder eine mobile App verwenden, die dem Stress- und Angstmanagement gewidmet ist. Achte auf deine Gedanken und versuche, sie objektiv zu analysieren, ohne dich selbst zu beurteilen. Mit der Zeit wirst du ein besseres Verständnis für deine Denkmuster entwickeln und in der Lage sein, diese effektiver zu managen.

Hier sind einige Tipps, um Ihre Denkmuster zu identifizieren:

1. Beobachten Sie Ihre Gedanken:

- ➤ Nimm dir Zeit, um auf deine Gedanken zu achten, vor allem in Situationen, die negative Emotionen auslösen.
- ➤ Notieren Sie sich Ihre automatischen Gedanken in einem Notizbuch oder in einer App.
- ➤ Identifizieren Sie wiederkehrende Keywords und Themen in Ihren Gedanken.

2. Hinterfragen Sie Ihre Gedanken:

- ➤ Fragen Sie sich, ob Ihre Gedanken auf der Realität beruhen oder ob es sich eher um subjektive Interpretationen handelt.
- ➤ Suchen Sie nach Beweisen, die Ihren automatischen Gedanken widersprechen.
- ➤ Betrachten Sie andere Standpunkte zur Situation.

3. Erkunden Sie den Ursprung Ihrer Schemata:

- ➤ Denken Sie über Ihre bisherigen Erfahrungen und deren Einfluss auf Ihre Denkmuster nach.
- ➤ Identifizieren Sie die Bindungsfiguren Ihrer Kindheit und deren Auswirkungen auf Ihre Entwicklung.
- ➤ Verstehen Sie, wie Ihre Muster Sie (wenn auch unangemessen) vor schwierigen Emotionen schützen.

4. Alternatives Denken entwickeln:

- ➢ Denken Sie über rationalere und positivere Gedanken angesichts der Situationen nach, die Sie auslösen.
- ➢ Verwenden Sie kognitive Restrukturierungstechniken, um Ihre automatischen Gedanken herauszufordern.
- ➢ Lernen Sie, mit sich selbst wohlwollend zu sprechen und Selbstmitgefühl zu kultivieren.

Das Erkennen von Denkmustern ist ein Prozess, der Zeit und Geduld erfordert. Es kann hilfreich sein, sich von einem Therapeuten oder Psychologen begleiten zu lassen.

Konzentrieren Sie sich auf dieGegenwart:

Die Verhaltens- und kognitive Therapie (KVT) zeichnet sich durch ihren Fokus auf die Gegenwart aus, was bedeutet, dass sie sich auf aktuelle Probleme und Symptome konzentriert, anstatt sich ausschließlich auf vergangene Ereignisse zu konzentrieren. Dieser Ansatz basiert auf mehreren psychologischen Prinzipien.

1) **Die Bedeutung des Hier und Jetzt:** Die KVT basiert auf dem Prinzip, dass psychische Probleme oft in aktuellen Denkmustern und Verhaltensweisen verwurzelt sind. Indem sie sich auf die Gegenwart konzentrieren, können Therapeuten den Menschen helfen, die spezifischen Herausforderungen, mit denen sie in ihrem täglichen Leben konfrontiert sind, zu erkennen und Strategien zu entwickeln, um mit ihnen umzugehen.

2) **Reduktion von Wiederkäuen und Vermeiden: Durch die** Fokussierung auf die Gegenwart versucht die KVT, übermäßiges Wiederkäuen in die Vergangenheit und vorausschauende Angst vor der Zukunft zu reduzieren. Beim Wiederkäuen geht es darum, sich in negativen Gedanken zu verlieren und über vergangene Ereignisse nachzudenken, während es beim Vermeiden darum geht, Situationen zu vermeiden, die Angst verursachen. Durch die Fokussierung auf die Gegenwart ermutigt KVT die Menschen, sich aktiv im gegenwärtigen Moment zu engagieren und sich den aktuellen Herausforderungen zu stellen, anstatt in negativen Denkmustern gefangen zu bleiben oder schwierige Situationen zu vermeiden.

3) Der Einsatz konkreter und pragmatischer Techniken: Die KVT konzentriert sich auf praktische und spezifische Interventionen, die im Alltag umgesetzt werden können. Sie schlägt Strategien wie Achtsamkeit, Problemlösung, Veränderung von dysfunktionalem Verhalten usw. vor, um den Menschen bei der Bewältigung der gegenwärtigen Schwierigkeiten zu helfen. Diese Techniken ermöglichen es den Menschen, Bewältigungsfähigkeiten zu entwickeln und ihre emotionalen und verhaltensbezogenen Funktionen in der Gegenwart zu verbessern.

PRAKTISCHE HINWEISE

Schritt 1: Identifizierung vorhandener Schwierigkeiten. Machen Sie sich bewusst, mit welchen spezifischen Problemen und Symptomen Sie derzeit in Ihrem Alltag konfrontiert sind. Und identifizieren Sie Denkmuster oder Verhaltensweisen, die zu diesen Schwierigkeiten beitragen.

Beispiel: *„Ich bin bei der Arbeit oft von Angst überwältigt und fühle mich nicht in der Lage, beruflichen Anforderungen gerecht zu werden."*

Schritt 2: Entwicklung adaptiver Strategien. Identifizieren Sie KVT-Techniken, die Ihnen helfen können, Ihre aktuellen Herausforderungen zu bewältigen. Und lerne praktische Fertigkeiten wie Achtsamkeit, Problemlösung oder Veränderung problematischer Verhaltensweisen.

Beispiel: *„Ich werde Achtsamkeit üben, um bei der Arbeit aufmerksam und ruhig zu bleiben. Ich werde auch die Problemlösungstechnik nutzen, um schwierige Aufgaben strukturiert anzugehen."*

Schritt 3: Umsetzung in der Gegenwart. Wenden Sie die erlernten Strategien in Ihrem Alltag an. Und engagieren Sie sich aktiv im gegenwärtigen Moment und stellen Sie sich den Schwierigkeiten, anstatt sie zu vermeiden.

Beispiel: Üben Sie Achtsamkeit bei der Arbeit, indem Sie sich auf Ihre Atmung konzentrieren und Ihre Gedanken und Emotionen ohne Urteil beobachten. Wenden Sie die Problemlösung an, indem Sie konkrete Schritte zur Bewältigung stressiger Aufgaben identifizieren.

Indem Sie diese KVT-Schritte befolgen, können Sie sich auf aktuelle Probleme konzentrieren und praktische Lösungsstrategien entwickeln. Indem du dich aktiv in die Gegenwart einbringst, kannst du dein emotionales Wohlbefinden und deine allgemeine Funktionsweise in deinem Alltag verbessern.

Der strukturierte und zielorientierte Ansatz:

Der strukturierte und zielorientierte Ansatz ist eines der Hauptmerkmale der Verhaltens- und kognitiven Therapie (KVT). Dieser Ansatz basiert auf mehreren psychologischen und therapeutischen Prinzipien.

1) **Die Notwendigkeit von Struktur und Planung:** Die KVT anerkennt die Bedeutung einer klaren Struktur und einer genauen Planung der Therapiesitzungen. Dies ermöglicht es, einen kohärenten therapeutischen Rahmen zu schaffen und die Wirksamkeit der Behandlung zu maximieren. Mit einer definierten Struktur können Therapeuten und Patienten systematisch und organisiert an den Therapiezielen arbeiten.

2) **Die Festlegung klarer Therapieziele:** In der KVT arbeiten Therapeut und Patient zusammen, um spezifische und messbare Ziele festzulegen. Diese Ziele hängen in der Regel mit den aktuellen Schwierigkeiten des Patienten und den gezielten Problemen für die Behandlung zusammen. Die Festlegung klarer Ziele schafft eine gemeinsame Orientierung und therapeutische Richtung, was das Engagement und die Motivation des Patienten fördert.

3) **Die Entwicklung eines konkreten Behandlungsplans:** Sobald die Ziele definiert sind, beinhaltet die KVT die Entwicklung eines konkreten Behandlungsplans. Dieser Plan kann verschiedene Techniken und spezifische Interventionen enthalten, die auf die Bedürfnisse des Patienten zugeschnitten sind. Der Behandlungsplan basiert in der Regel auf erprobten Protokollen und evidenzbasierten Interventionen, was zur Wirksamkeit der Therapie beiträgt.

4) **Therapeut-Patient-Kollaboration:** Die KVT basiert auf einer aktiven Zusammenarbeit zwischen Therapeut und Patient. Der Therapeut leitet den Therapieprozess, liefert Informationen und Techniken und hilft dem Patienten, seine Ziele zu erreichen. Der Patient ist im eigenen Heilungsprozess aktiv, nimmt aktiv an den Sitzungen teil und setzt die zwischen den Sitzungen erworbenen Fähigkeiten in die Praxis um.

Schritt 1: Festlegung von Therapiezielen. Arbeiten Sie daran, die spezifischen Probleme zu identifizieren, die Sie angehen möchten. Und klare, messbare und erreichbare Ziele setzen, die Ihnen helfen, diese Probleme zu lösen.

Beispiel: *„Mein therapeutisches Ziel ist es, mit meiner sozialen Angst umzugehen und Kommunikationsfähigkeiten zu entwickeln, um mich in sozialen Interaktionen wohler zu fühlen.“*

Schritt 2: Entwicklung eines Behandlungsplans. Behandlungsplan entwickeln Und identifizieren Sie die spezifischen Techniken und Interventionen, die verwendet werden, um Ihre Ziele zu erreichen.

Beispiel: Der Behandlungsplan kann graduierte Exposition gegenüber sozialen Situationen, kognitive Umstrukturierungsstrategien zur Infragestellung negativer Gedanken und durchsetzungsfähige Kommunikationsübungen zur Entwicklung sozialer Fähigkeiten umfassen.

Schritt 3: Umsetzung des Behandlungsplans. Aktive Arbeit, um die Techniken und Interventionen des Behandlungsplans in die Praxis umzusetzen. Und befolgen Sie die im Plan festgelegten spezifischen Schritte und engagieren Sie sich voll und ganz für die empfohlenen Übungen und Praktiken.

Beispiel: Nehmen Sie mit Unterstützung Ihres Therapeuten an stufenweisen Expositionssitzungen teil, üben Sie kognitive Umstrukturierung, indem Sie negative Gedanken in sozialen Interaktionen identifizieren und in Frage stellen, und üben Sie durchsetzungsfähige Kommunikationsfähigkeiten in realen Situationen.

Wie drückt man seine Gefühle und Bedürfnisse aus?

Über das zu sprechen, was uns beschäftigt, ist eine Fähigkeit, die zwei wesentliche Funktionen für unser Glück hat. Erstens ermöglicht es uns, die Emotionen, die wir im Inneren gespeichert haben, freizusetzen. Zweitens ermöglicht es uns, gesunde und authentische Beziehungen zu anderen aufzubauen. Wie kann man sich also bewusst, ehrlich und direkt ausdrücken?

Tief verborgene Gefühle.

Alle die schönsten Dinge im Leben - Liebe, Freude, Leidenschaft und Träume - haben keinen Sinn, wenn wir sie mit niemandem teilen können. Nicht umsonst, wenn wir großes Glück erleben, ist das erste, was wir tun, mit unseren Lieben darüber zu sprechen. Auf magische Weise intensiviert es unsere Freude und macht sie noch greifbarer.

Leider sind wir nicht mehr so eifrig, über die Emotionen zu sprechen, die für uns schwierig sind. Alles, was uns in einem schlechten Licht darstellen könnte, verstecken wir lieber tief in uns und lassen es ein für alle Mal dort. Alles, was unsere Beziehung zu einer anderen Person negativ beeinflussen könnte, behalten wir lieber für uns. Wir filtern unsere eigenen Gefühle, Erfahrungen und Gedanken heraus und wählen nur diejenigen aus, die für beide Seiten sicher und angenehm sind.

Warum machen wir das?

Weil uns beigebracht wurde, schwierigen Emotionen auszuweichen und heikle Gespräche zu vermeiden. Uns wurde beigebracht, dass es „schlechte" und „gute" Emotionen gibt. Wie oft haben wir in unserer Kindheit "weine nicht", "beruhige dich", "sei weise"gehört? Wir lernten schnell, dass wir Emotionen wie Wut, Traurigkeit, Enttäuschung, Schuldgefühle nicht akzeptieren sollten. Infolgedessen wissen wir nicht, wie wir mit ihnen umgehen sollen, und wir wissen nicht, wie wir uns verhalten sollen, wenn jemand aus unserem Umfeld sie manifestiert. Und da wir schwierige Emotionen nicht akzeptieren, wollen wir sie uns nicht nur nicht eingestehen. Wir wollen auch nicht mit anderen darüber reden, weil wir Angst haben, dass sie auch nicht akzeptieren, was wir fühlen. Diese Angst hat oft ein sehr solides Fundament. Ich selbst habe es mehrmals erlebt, wenn ich beim Teilen meiner Gedanken und Gefühle mit jemandem eher überrascht oder kritisch als verständnisvoll empfangen werde.

Jeder hat ein großes Bedürfnis nach Zustimmung und Akzeptanz. Anderen zu zeigen, was wir im Inneren haben, birgt die Gefahr, abgelehnt zu werden, was selbst für die stärksten Menschen schmerzhaft ist.

Die Angst vor Ablehnung:

Die Frage ist, warum wir davon ausgehen, dass wir abgelehnt werden.

Es ist nie möglich, eine schwierige Emotion zu Hause zu akzeptieren, sondern sie bei anderen nicht zu akzeptieren (oder umgekehrt). Wenn uns eine Emotion unangenehm ist, neigen wir dazu, jede Manifestation zu leugnen, unabhängig davon, wer sie ausdrückt. Wenn wir hingegen verstehen, dass Wut zum Beispiel eine natürliche Reaktion auf bestimmte Umstände ist und wir wissen, wie wir diese Wut bewusst und sicher ausdrücken können, werden wir die Wut anderer genauso wahrnehmen.

Wenn wir also Ärger oder Traurigkeit bei unseren Angehörigen bemerken, aktivieren wir oft unbewusst unsere eigenen Abwehrmechanismen.

Durch unser Verhalten zeigen wir, dass wir solche Emotionen nicht akzeptieren und es vorziehen, dass die andere Person sie für sich behält. Wir tun alles in unserer Macht Stehende, damit die andere Person sofort aufhört, wütend zu sein, oder wir machen ihr klar, dass Traurigkeit in einer bestimmten Situation völlig unnötig ist. Auf diese Weise sorgen wir dafür, dass sich die Person schließt, da sie nicht den Raum hatte, ihre Emotionen frei auszudrücken.

Es ist schwer zuzugeben, aber in der Vergangenheit habe ich die Emotionen meiner Lieben oft selbst behindert. Als ich nicht verstand, wie man in einer bestimmten Situation traurig sein kann, habe ich es der anderen Person klar gesagt. Ich sah mich als "bewusstere Person", die besser wusste, was eine Quelle der Traurigkeit sein könnte und was nicht. Damals wusste ich noch nicht, dass ich die Verleugnung und Verschiebung des Gefühls, das die Person damals empfand, förderte.

Aber zurück zu der zuvor gestellten Frage. Warum gehen wir davon aus, dass wir abgelehnt werden, wenn wir uns äußern?

Erstens, weil es, wie ich gerade geschrieben habe, oft passiert ist. Zweitens, weil wir unsere eigenen Reaktionen auf andere projizieren. Da wir unsere eigenen schwierigen Gefühle leugnen, erwarten wir eine ähnliche Reaktion von anderen, wenn wir darüber nachdenken, was sich in unserer eigenen Seele abspielt. Wir gehen davon aus, dass wir uns nicht auf die Akzeptanz und das Verständnis der „schwierigeren" Teile unserer Persönlichkeit verlassen können, also versuchen wir nicht einmal auszudrücken, was wir fühlen. Wir ersticken in uns selbst, was so verzweifelt herauskommen will.

Unbefriedigte Bedürfhisse

Gleiches gilt für unsere Bedürfnisse und Wünsche. Wir nehmen viele von ihnen als "fehl am Platz" wahr und haben Angst, dass, wenn wir mit einer anderen Person darüber sprechen, sie denkt, dass mit uns etwas nicht stimmt.

Es gibt noch einen weiteren Grund, warum wir unsere Sorgen nicht mit anderen teilen. Da wir selbst nicht mit unseren Gefühlen umgehen können, gehen wir oft davon aus, dass auch andere damit Schwierigkeiten haben. Wir haben also Angst, die andere Person zu verletzen. Wir glauben, dass das, was wir sagen, schwierig für sie sein wird und dass wir ihnen Kummer und Leid bereiten werden.

Dies kann zum Beispiel eine Beziehung sein, in der die Partner viel Zeit miteinander verbringen. Eine Person braucht möglicherweise mehr Platz für sich selbst (mit Freunden ausgehen, alleine gehen). Sie kann dieses Bedürfnis jedoch aus Angst, sich abgelehnt zu fühlen, nicht an die andere Person weitergeben. In diesem Fall kann die Tatsache, dass man sein Bedürfnis nicht ausdrücken kann, zu einer Situation führen, in der die Person, die mehr Freiheit für sich selbst sucht, dieses Bedürfnis leugnet und gleichzeitig eine wachsende Frustration gegenüber ihrem Partner empfindet. Der Partner wird diese Frustration auf verschiedene Weise spüren (hauptsächlich durch nonverbale Botschaften), hat aber keine Ahnung, was sie verursacht. Dies kann zu vielen Konflikten und Missverständnissen führen.

All dies drängt uns, unsere Gefühle, Bedürfnisse und Wünsche irgendwo in den entlegensten Ecken unseres Unterbewusstseins in einer luftdichten Box zu verschließen und unser Bestes zu tun, um sie dort zu halten. Leider hat dies eher negative Folgen, denn:

1. Unausgesprochene Gefühle sammeln sich in unserem Körper als gespeicherte Energie an und sind oft die Quelle körperlicher Beschwerden oder zerstörerischer Wutausbrüche.
2. Fehlende Kommunikation in einer Beziehung wird immer die Quelle unzähliger Missverständnisse sein, die zu Konflikten führen, die ohne weitere Kommunikation zum Ende der Beziehung führen können.

So schaden unausgesprochene Gefühle und Bedürfnisse uns und unseren Beziehungen.

Sich äußern:

Angesichts der gefährlichen Sprache voller Urteile, Vermutungen und Fehlinterpretationen, die die meisten von uns verwenden, sind die oben beschriebenen Bedenken durchaus berechtigt. Die "traditionelle" Kommunikation setzt uns tatsächlich einem Mangel an Akzeptanz seitens der anderen Seite aus und erhöht das Risiko, die andere Person mit unseren Worten zu verletzen.

Manchmal genügt ein einziges Wort des Urteils oder eine Fehlinterpretation, um unbewusste Abwehrmechanismen bei unserem Empfänger auszulösen und den Dialog in eine unnötige Hüpfkugel und einen Krieg zu verwandeln, um "Recht" zu haben. Es lohnt sich dann, sich an dieses sehr zutreffende Zitat zu erinnern:

> **" Das größte Problem in der Kommunikation ist die Illusion, dass sie stattgefunden hat. "**
> (George Bernard Shaw)

Die gute Nachricht ist, dass wir eine andere Sprache lernen können, die keinen Raum für das Urteil der anderen Person lässt, sondern sich darauf konzentriert, unsere eigenen Gefühle und Erfahrungen zu beschreiben. Eine Sprache, die keinen Raum für Interpretationen lässt und die Abwehrmechanismen unseres Gesprächspartners nicht stimuliert.

Eine dieser Sprachen ist die gewaltfreie Kommunikationsmethode von Marshall Rosenberg. Es handelt sich um eine Reihe von Prinzipien, die durch die Fokussierung auf Gefühle und Bedürfnisse im Dialog die Möglichkeit psychischer (oft sehr subtiler) Gewalt in unserer Kommunikation eliminieren.

Bei näherer Betrachtung von Rosenbergs Arbeit wird deutlich, dass es nicht nur darum geht, die Art und Weise, wie wir kommunizieren, zu verändern. Dies ist eine andere Art, Emotionen und Bedürfnisse zu betrachten, unsere eigenen und die anderer.

Vor jeder Kommunikation konzentrieren wir uns zunächst auf die interne Kommunikation. Wir müssen verstehen, wie wir uns selbst fühlen. Akzeptieren Sie unsere inneren Erfahrungen und hören Sie auf unsere Emotionen und Bedürfnisse. Erst wenn wir wissen, was wir denken, können wir anfangen, uns vor der anderen Person richtig auszudrücken.

Die Formulierung einer Botschaft nach dem GFK-Modell erfolgt in vier Schritten:

1. die Bemerkungen. Wir beginnen mit dem, was wir beobachtet haben.

Es gibt keinen Platz für Vermutungen, Interpretationen, Kritik oder Urteile - hier teilen wir die trockenen Fakten, die wir beobachtet haben (zum Beispiel, anstatt zu sagen: "Du hast das Abendessen, das wir vereinbart haben, wieder vergessen, du kümmerst dich überhaupt nicht um mich." Wir sagen: "Du bist nicht zum vereinbarten Abendessen nach Hause gekommen.").

2. Gefühle. Im zweiten Schritt sprechen wir über die spezifischen Gefühle, die im Zusammenhang mit den zuvor gemachten Beobachtungen in uns entstanden sind (statt evaluativ zu sagen: „Du bist hoffnungslos, du liebst mich nicht!", können wir sagen: „Ich fühle mich enttäuscht und einsam entsprechend").

3 Die Bedürfnisse. Hier beschreiben wir ein nicht erfülltes Bedürfnis oder einen nicht erfüllten Wunsch, der dieses Gefühl hervorgerufen hat (z.B.: „Ich muss mehr Zeit mit dir verbringen.").

4. Anfragen. Im letzten Schritt bitten wir die andere Person um eine bestimmte Aktion, die unser Bedürfnis befriedigen könnte (zum Beispiel: "Ich bitte dich, pünktlich zurückzukommen, wenn wir zu einer bestimmten Zeit einen Termin haben"). Hier ist auf das Risiko einer ausreichenden Bewertung zu achten. Wenn wir sagen würden: "Ich bitte Sie, die Versprechen, die Sie gemacht haben, mehr zu respektieren.", würden wir eine implizite Bewertung senden - "Sie halten die Versprechen, die Sie gemacht haben, nicht ein."

Zusammengenommen könnte eine solche Botschaft wie folgt lauten:

"du bist nicht zu dem Abendessen nach Hause gekommen, das wir geplant hatten. Das macht mich enttäuscht und einsam. Ich brauche mehr Zeit. Ich bitte Sie, pünktlich zurückzukommen, wenn wir zu einer bestimmten Zeit einen Termin haben."

Und hier ist ein weiteres Beispiel für eine Botschaft, die so formuliert ist:

"Du sprichst mit lauter Stimme zu mir und verwendest Worte, die mir das Gefühl geben, nicht respektiert zu werden. Ich möchte, dass man mich mit mehr Respekt und Freundlichkeit behandelt. Ich bitte Sie, dies bei unserem nächsten Gespräch im Hinterkopf zu behalten."

Warum funktioniert die Kommunikation nach diesem Modell so gut?

Weil diese Form der Kommunikation nicht die Abwehrmechanismen der anderen Person stimuliert, die im Bruchteil einer Sekunde den Dialog in eine Schlammschlacht verwandeln können, die uns daran hindert, in das Herz des Konflikts zu gelangen.

Natürlich ist dies nur eine kleine auswahl dessen, was das cnv-modell leisten kann. Betrachten Sie es als kleine Inspiration und nicht als erschöpfende Beschreibung der Methode. Ich ermutige Sie dringend, das Buch "Gewaltfreie Kommunikation" zu lesen, in dem Marshall Rosenberg die "Sprache der Liebe" beschreibt und viele Beispiele auflistet, die in der Praxis verwendet werden können.

Kommunikation ist ein weites und faszinierendes Feld. Es reicht nicht aus, die Botschaft gut zu vermitteln, und während wir uns bemühen, uns besser auszudrücken, ist es auch nützlich, die Fähigkeiten zu erwerben, die unsere neue Art der Kommunikation unterstützen. Dazu gehört die Fähigkeit,

- ➢ Emotionen von Fakten und Interpretationen trennen,
- ➢ Konstruktive Kommunikation während eines Konflikts,
- ➢ Ihre Bedürfnisse kommunizieren und Anfragen stellen,
- ➢ Grenzen markieren und durchsetzungsstark kommunizieren,
- ➢ Notieren Sie sich die Rollen, die wir bei einem Kontakt mit einer anderen Person einnehmen,
- ➢ In tiefere Beziehungsebenen eintreten,
- ➢ Feedback geben und Komplimente annehmen.

Was passiert, wenn wir anfangen, unsere Gefühle und Bedürfnisse offen und direkt auszudrücken?

Zunächst beginnen wir allmählich, uns von dem enormen Ballast zu befreien, den wir auf unseren Schultern getragen haben. Emotionen, die zuvor in den Winkeln unseres Unterbewusstseins verborgen waren, werden nun langsam „befreit", während gleichzeitig unser inneres Selbst in Ordnung gebracht wird. Zuerst bringen wir sie in unser eigenes Bewusstsein, dann kommunizieren wir sie in geeigneter Sprache an andere Menschen.

Auf diese Weise ermöglichen wir ihnen, uns zu verstehen. Das heilt unsere Beziehungen und bringt mehr Empathie und Verständnis. Auf diese Weise vermeiden wir unnötige Konflikte und Missverständnisse. Wir ermöglichen es anderen, sich um unsere Bedürfnisse zu kümmern, und wir wissen, wie wir auf die Bedürfnisse von Menschen eingehen können, die uns wichtig und nahe sind.

Die Kunst, sich frei auszudrücken, kann eine Quelle vieler positiver Veränderungen in der Welt Ihrer Beziehungen sein. Eine gewaltfreie und urteilsfreie Sprache zu lernen, ist sicherlich nicht einfach. Ich lerne es immer wieder und empfinde grosse Befriedigung, wenn sich meine Bemühungen positiv auf meine Beziehungen auswirken.

Übungen und Beispiele.

Um die kognitiven Techniken in die Praxis umzusetzen, finden Sie hier einige einfache Übungen und Beispiele, die Sie ausprobieren können:

1. **Identifikation automatischer Gedanken:**

    ➢ **Übung:** Führen Sie ein Gedankenprotokoll. Notieren Sie sich Gedanken, die spontan in verschiedenen Situationen auftreten. Sich der negativen oder irrationalen automatischen Gedanken bewusst werden, die zu emotionalen Störungen beitragen. Indem Sie diese Gedanken in ein Tagebuch schreiben, entwickeln Sie ein besseres Verständnis Ihrer Denkmuster.

    ➢ **Beispiel:** Sie sind zu spät zu einem Meeting und denken automatisch *"Ich bin immer zu spät, ich werde wieder scheitern"*. Indem Sie dies notieren, erkennen Sie ein negatives automatisches Denken.

2. **Automatisches Denken herausfordern:**

    ➢ **Übung:** Stellen Sie sich Fragen, um die Gültigkeit Ihrer automatischen Gedanken in Frage zu stellen. Fragen Sie sich zum Beispiel, ob Sie konkrete Beweise haben, um diese Gedanken zu unterstützen.

    ➢ **Beispiel:** Sie fragen sich vielleicht: *"Gibt es Zeiten, in denen ich es geschafft habe, pünktlich zu sein?"*.

3. **Ersetzen von automatischen Gedanken:**

    ➢ **Übung:** Entwickeln Sie positivere und realistischere alternative Gedanken, um negative automatische Gedanken zu ersetzen. Und du veränderst deine Wahrnehmung der Situation.

    ➢ **Beispiel:** Ersetzen Sie *„Ich bin immer zu spät"* durch *„Manchmal komme ich zu spät, aber das bedeutet nicht, dass ich ein Versager bin"*.

4. **Positive Visualisierung:**

    ➢ **Übung:** Stelle dir vor, dass du in einer Situation, in der du ein Problem hast, erfolgreich bist. Stellen Sie sich vor, Sie handeln selbstbewusst und effizient. Ziel ist es, positives Denken durch erfolgreiche Szenarien zu stärken. Indem Sie Erfolg visualisieren, stärken Sie Ihr Vertrauen in Ihre Fähigkeit, Hindernisse zu überwinden.

> **Beispiel:** Stellen Sie sich vor, Sie kommen pünktlich zu einem Meeting und kontrollieren die Situation in Ruhe. Wenn Sie sich vorstellen, pünktlich zu einem Meeting zu kommen und ruhig mit der Situation umzugehen, stärken Sie Ihr Selbstvertrauen.

5. **Verwendung von Mantras:**

> **Übung:** Wählen Sie positive Affirmationen und wiederholen Sie diese regelmäßig, um Ihre neuen Gedanken zu stärken. Indem du regelmäßig positive Affirmationen wiederholst, trainierst du deinen Geist, diese neuen Gedanken als Realität anzunehmen.

> **Beispiel:** Wiederholen Sie *„Ich bin in der Lage, Hindernisse zu überwinden"* mehrmals täglich, um Ihr Selbstvertrauen in Ihre Fähigkeiten zu stärken.

Wenn Sie diese Übungen regelmäßig durchführen, können Sie Ihre automatischen Denkmuster schrittweise in positivere und konstruktivere Gedanken umwandeln. Dies kann dir helfen, dein emotionales Wohlbefinden zu verbessern und den Herausforderungen des Alltags selbstbewusster und belastbarer zu begegnen.

Kapitel 3: Verhaltenstechniken.

In diesem Kapitel tauchen wir in die Welt der Verhaltenstechniken ein, praktische Werkzeuge, um unser Handeln und unsere Handlungen zu transformieren. Wie Nassim Nicholas Taleb betont, *„ist das, was wir Chaos nennen, nur eine sehr komplexe Ordnung"*. In ähnlicher Weise mögen unsere Verhaltensweisen chaotisch erscheinen, aber sie folgen oft vorhersehbaren Mustern. Indem wir diese Muster verstehen und verändern, können wir unseren Alltag positiv beeinflussen. Verhaltenstechniken, wie graduelle Expositionen, Verhaltensaktivierung und Zeit- und Verantwortungsmanagement, sind konkrete Möglichkeiten, unser Handeln zu erlernen und zu ändern, um unser emotionales Wohlbefindenzu verbessern. Anhand von Übungen und konkreten Beispielen werden wir untersuchen, wie diese Techniken in die Praxis umgesetzt werden können, um unser Verhalten und unsere Lebensqualität zu verändern.

Graduierte Ausstellungen.

Die abgestufte Exposition ist eine Technik, die in der Verhaltenstherapie eingesetzt wird, um Menschen zu helfen, ihre Ängste und Phobien zu überwinden. Diese Methode basiert auf dem Prinzip der allmählichen Exposition gegenüber der Quelle der Angst, die es der Person ermöglicht, sich allmählich an die gefürchtete Situation zu gewöhnen und so ihr Angstniveau zu reduzieren. Stell dir vor, du hast Angst vor Spinnen. Am Anfang kann der Gedanke, in der Nähe einer Spinne zu sein, starke Angst auslösen. Mit der abgestuften Ausstellung würdest du vielleicht mit Spinnenbildern beginnen, dich dann allmählich einer Spinne in einem Terrarium nähern und schließlich in der Lage sein, eine Spinne in der Hand zu halten, ohne intensive Angst zu verspüren.

Die abgestufte Exposition basiert auf dem Prinzip der Gewöhnung, das heißt, je mehr Sie einer Angstquelle ausgesetzt sind, desto mehr nimmt Ihre Angst mit der Zeit ab. Das funktioniert zum Teil, weil dein Gehirn lernt, dass die gefürchtete Situation nicht so gefährlich ist, wie es ursprünglich gedacht hat. Wenn du zum Beispiel Angst davor hast, in der Öffentlichkeit zu sprechen, könntest du zuerst üben, vor einem Spiegel zu sprechen, dann vor einem engen Freund, dann vor einer kleinen Gruppe, bis du dich wohl fühlst, wenn du in der

Öffentlichkeit sprichst. Durch die regelmäßige und strukturierte Nutzung der abgestuften Exposition können Sie Ihre Ängste und Phobien nach und nach überwinden, was Ihre Lebensqualität und Ihr emotionales Wohlbefinden erheblich verbessern kann.

Beispiel: Angst vor Spinnen.

Priorisierung

1) Sehen Sie sich ein Spinnenfoto an.
2) Sehen Sie sich ein Spinnenvideo an.
3) Sich im selben Raum wie eine Spinne im Käfig befinden.
4) Berühren Sie eine Plüschspinne.
5) Eine Spinne in der Hand halten.

Progressive Exposition:

➢ Beginnen Sie, indem Sie sich einige Sekunden lang ein Spinnenfoto ansehen.

➢ Erhöhen Sie schrittweise die Belichtungszeit und die Schwierigkeit der Situationen.

➢ Verwenden Sie Entspannungstechniken, um mit Ihrer Angst umzugehen.

Verhaltensaktivierung.

Die Verhaltensaktivierung ist eine Technik der Verhaltenstherapie, die darauf abzielt, Menschen bei der Überwindung von Depressionen zu helfen, indem sie sie zu Aktivitäten ermutigt, die ihnen Freude bereiten und ein Gefühl der Erfüllung vermitteln. Dieser Ansatz basiert auf dem Prinzip, dass Aktivität die Stimmung positiv beeinflussen und dazu beitragen kann, den Teufelskreis von Inaktivität und Depression zu durchbrechen. Stell dir vor, du fühlst dich deprimiert und hast morgens Schwierigkeiten aufzustehen. Die Verhaltensaktivierung würde Sie ermutigen, sich einfache und erreichbare Ziele zu setzen, wie zum Beispiel eine Dusche zu nehmen, an die frische Luft zu gehen oder eine Aktivität zu machen, die Sie lieben, auch wenn Sie keine Lust dazu haben. Wenn Sie sich an diesen Aktivitäten beteiligen, können Sie ein Wiederaufleben der Energie und des Interesses am Leben spüren, was daz beitragen kann, Ihre Stimmung zu verbessern und depressive Symptome zu reduzieren.

Stellen Sie sich vor, Sie befinden sich in einem tiefen und dunklen Loch, und mit jedem Tag, der vergeht, wird dieses Loch tiefer und tiefer. Bei der Verhaltensaktivierung geht es darum, ein Seil in dieses Loch zu werfen, um wieder aufzusteigen und sich Aktivitäten zu widmen, die Ihnen helfen, aus Ihrer Isolation herauszukommen und ein Gefühl der Kontrolle über Ihr Leben wiederzuerlangen. Durch regelmäßiges Üben der Verhaltensaktivierung können Sie allmählich zu einem zufriedenstellenden Aktivitätsniveau zurückkehren und Ihre Stimmung und Lebensqualität verbessern

Stellen Sie sich Ihren Geist wie einen brachliegenden Garten vor.

Depression: Es ist ein dichter Nebel, der den Garten bedeckt und Sie daran hindert, zu handeln und seine Farben zu genießen.

Verhaltensaktivierung: Es ist die Sonne, die den Nebel zerstreut und es Ihnen ermöglicht, die Freude am Gärtnern und an der Pflege Ihres Wohlbefindens wiederzuerlangen.

Wie funktioniert das?

1. Identifizieren Sie angenehme Aktivitäten:

- ➢ Listen Sie die Aktivitäten auf, die Sie vor Ihrer Depression gerne gemacht haben.
- ➢ Wählen Sie Aktivitäten in verschiedenen Bereichen: (sozial, beruflich, körperlich, Freizeit usw.)
- ➢ Beginnen Sie mit einfachen und kurzen Aktivitäten.

2. Planung und Einsatz:

- ➢ Planen Sie die Aktivitäten, die Sie durchführen werden.
- ➢ Setzen Sie sich realistische und erreichbare Ziele.
- ➢ Verpflichten Sie sich, die geplanten Aktivitäten durchzuführen.

Positive Bekräftigung (Psychologie)

- ➢ Belohnen Sie sich jedes Mal, wenn Sie eine Aktivität ausführen.
- ➢ Notieren Sie Ihren Fortschritt in einem Tagebuch.

> ➤ Feiern Sie Ihre Erfolge, auch die kleinsten.

Beispielsituation: Eine Person mit Depressionen hat Schwierigkeiten, aus dem Bett aufzustehen und sich zu waschen.

Verhaltensaktivierung:

> ➤ **Einfache Aktivität:** Aufstehen und anziehen.
> ➤ **Planung:** Um 9 Uhr aufstehen und sich vor 10 Uhr anziehen.
> ➤ **Verpflichtung:** Sich verpflichten, diese Aktivität jeden Tag durchzuführen.
> ➤ **Positive Verstärkung:** Sich zur Aktivität beglückwünschen und sich mit einer angenehmen Kleinigkeit belohnen.

Erklärung

> ➤ **Verhaltensaktivierung = Den Nebel der Depression auflösen:** Indem du positive Aktivitäten aufnimmst, klärst du deinen Geist und bekommst wieder Lebensfreude.
> ➤ **Angenehme Aktivitäten = Sonnenstrahlen:** Sie nähren deine Seele und ermöglichen es dir, Glück und Freude zu kultivieren.
> ➤ **Fortschritt = Blühende Blumen:** Jeder kleine Sieg ist eine Blume, die in Ihrem Garten blüht und Sie ermutigt, weiterzumachen.

Zusammenfassend lässt sich sagen, dass die Verhaltensaktivierung eine wirksame Technik ist, um Depressionen zu bekämpfen und zu einem aktiven und positiven Leben zurückzukehren.

Zeit- und Verantwortungsmanagement.

Das Zeit- und Verantwortungsmanagement ist eine wesentliche Fähigkeit, um ein ausgewogenes und produktives Leben zu führen. Diese Technik besteht darin, seine Zeit effektiv zu planen und seine Aufgaben so zu organisieren, dass seine Effizienz maximiert und Stress im Zusammenhang mit Prokrastination und Arbeitsüberlastung reduziert wird. Stellen Sie sich vor, Sie haben ein wichtiges Projekt vor sich. Mit Hilfe des Zeit- und Verantwortungsmanagements könnten Sie damit beginnen, eine Liste der zu erledigenden Aufgaben zu erstellen, die nach Priorität geordnet sind. Dann können Sie jeder Aufgabe eine gewisse Zeit widmen und sicherstellen, dass Sie regelmäßige Pausen einlegen, um Müdigkeit und Burn-out zu vermeiden. Schließlich können Sie Ihren Fortschritt regelmäßig bewerten und Ihren Plan bei Bedarf anpassen. Wie ein Dirigent ein Orchester leitet, indem er die verschiedenen Instrumente synchronisiert, um eine harmonische Musik zu produzieren, besteht das Zeit- und Verantwortungsmanagement darin, die verschiedenen Aufgaben und Aktivitäten Ihres Lebens effektiv zu koordinieren, um Ihre Ziele effizient und ausgewogen zu erreichen.

Stellen Sie sich Ihre Zeit wie einen Fluss vor.

Ihre Verantwortung: Es sind die Felsen und Hindernisse, die das Flussbett bedecken.

Zeit- und Verantwortungsmanagement: Es ist die Kunst, den Fluss mit Energie und Ressourcen optimal zu nutzen, um Ihre Ziele zu erreichen.

Warum ist das wichtig?

> - **Zeitmangel und mangelndes Verantwortungsmanagement:** Dies kann zu Stress, Angst und einem überwältigenden Gefühl führen.
> - **Effektives Zeit- und Verantwortungsmanagement:** So hast du mehr Kontrolle über dein Leben, kannst Aufgaben erledigen und deine Ziele erreichen.

Wie funktioniert das?

1. Planung:

> - Setzen Sie sich klare und realistische Ziele.
> - Zerlegen Sie Ihre Ziele in kleinere, überschaubare Aufgaben.
> - Priorisieren Sie Ihre Aufgaben nach Wichtigkeit und Dringlichkeit.
> - Planen Sie Ihren Tag und Ihre Woche mit einem Kalender oder einem Aufgabenmanagement-Tool.

Lage der Frauen und auf ihre Familien aber eher negative Tendenz hatten. 2)

> - Erstellen Sie ein Ordnungssystem für Ihre Dokumente und Aufgaben.
> - Definieren Sie einen dedizierten und aufgeräumten Arbeitsbereich.

> Lernen Sie, mit Ablenkungen umzugehen und sich auf Ihre Aufgaben zu konzentrieren.

3. Spezifische Techniken:

> Verwenden Sie die Pomodoro-Technik, die darin besteht, die Arbeit in kurze Zeitintervalle zu unterteilen, die als "Pomodoros" bezeichnet werden, in der Regel 25 Minuten, gefolgt von einer kurzen Pause von 5 Minuten.

> Wenden Sie die Eisenhower-Matrix an, um Ihre Aufgaben zu priorisieren. Es ist ein Zeit- und Prioritätenmanagement-Tool, das Aufgaben nach ihrer Dringlichkeit und Wichtigkeit klassifiziert.

- Dringend und wichtig: Sofort erledigen.
- Wichtig, aber nicht dringend: für später planen.
- Dringend, aber nicht wichtig: Wenn möglich delegieren.
- Weder dringend noch wichtig: zu beseitigen oder zu verschieben

> Sagen Sie "Nein" zu Anfragen, die keine Priorität haben.

Beispielsituation: Sie sind Student und haben für Ihre Prüfungen viel zu tun.

Zeit- und Verantwortungsmanagement:

> **Setzen Sie sich klare Ziele:** Bestehen Sie Ihre Prüfungen.
> **Zerlegen Sie Ihre Ziele in Aufgaben:** Machen Sie Revisionsblätter, lernen Sie die Kurse, üben Sie mit Leerprüfungen.
> **Priorisieren Sie Ihre Aufgaben:** Beginnen Sie mit den schwierigsten Materialien.
> **Planen Sie Ihren Tag:** Definieren Sie Arbeits- und Revisionsbereiche.
> **Organisieren Sie Ihren Arbeitsbereich:** Räumen Sie Ihren Schreibtisch auf und entfernen Sie Ablenkungen.
> **Verwenden Sie spezielle Techniken:** Die Pomodoro-Technik, um konzentriert zu bleiben.

Erläuterung:

> **Zeit- und Verantwortungsmanagement = Segeln auf dem Fluss:** Indem Sie Ihre Ressourcen optimal nutzen, können Sie Ihre Ziele erreichen und die Reise genießen.

> **Verantwortlichkeiten = Felsen und Hindernisse:** Sie können Sie verlangsamen, aber es ist möglich, sie zu umgehen oder als Sprungbrett zu verwenden.

> **Effizientes Management = Fließende Navigation:** Sie fühlen sich unter Kontrolle und bewegen sich gelassen auf Ihre Ziele zu.

Zusammenfassend ist das Zeit- und Verantwortungsmanagement eine wesentliche Fähigkeit, um in Ihrem persönlichen und beruflichen Leben erfolgreich zu sein.

Indem Sie Zeit- und Verantwortungsmanagement praktizieren, können Sie Ihre Produktivität verbessern, Ihren Stress reduzieren und Ihre allgemeine Lebensqualität verbessern.

Sozialkompetenztraining

Das Training von Sozialkompetenzen ist ein wesentlicher Bestandteil der KVT zur Bekämpfung von Stress und Angstzuständen. Es ermöglicht den Erwerb konkreter Werkzeuge, um soziale Interaktionen zu verbessern, mit Stresssituationen umzugehen und das Selbstvertrauen zu stärken und so zu einer besseren Lebensqualität beizutragen.

+ **Durchsetzungsvermögen:**

Durchsetzungsfähig zu sein bedeutet, seine Bedürfnisse, Meinungen und Grenzen klar, respektvoll und effektiv zum Ausdruck bringen zu können. Dazu gehört auch, die Bedürfnisse und Rechte anderer anzuerkennen und zu respektieren.

Hier ist eine Schritt-für-Schritt-Anleitung zur Entwicklung von Durchsetzungsvermögen:

Schritt 1: Ermittlung von Bedürfnissen, Meinungen und Grenzen

Nehmen Sie sich Zeit, um über Ihre Bedürfnisse, Meinungen und Grenzen in Bezug auf eine bestimmte Situation nachzudenken. Du könntest zum Beispiel die Notwendigkeit erkennen, dir Zeit für dich selbst zu nehmen, die Meinung, dass dein Beitrag wichtig ist oder die Grenze, nicht zu akzeptieren, dass du in deiner Arbeit ständig unterbrochen wirst.

Schritt 2: Klarheit und Spezifität

Formulieren Sie Ihre Bedürfnisse, Meinungen und Grenzen klar und spezifisch. Vermeiden Sie Verallgemeinerungen und seien Sie präzise in Ihrer Kommunikation. Anstatt zum Beispiel zu sagen: "Ich will mehr Freizeit", könntest du sagen: "Ich brauche zwei Stunden am Tag, um mich zu entspannen und neue Energie zu tanken."

Schritt 3: Gegenseitiger Respekt

Stellen Sie sicher, dass Ihre Kommunikation die Bedürfnisse und Rechte anderer respektiert. Vermeiden Sie es, Ihre Bedürfnisse anderen aufzuzwingen und suchen Sie nach Lösungen, die alle Interessen berücksichtigen. Wenn du zum Beispiel Zeit für dich selbst brauchst, biete eine Lösung an, die es der anderen Person auch ermöglicht, ihre Bedürfnisse zu erfüllen, wie zum Beispiel ein Zeitfenster zu finden, das für beide funktioniert.

Schritt 4: Verwendung von "Ich" und Selbstbehauptung

Verwenden Sie Sätze, die mit "ich" beginnen, um Ihre Bedürfnisse, Meinungen und Grenzen auszudrücken. Dies stärkt Ihre Kommunikation und vermeidet es, andere zu beschuldigen oder zu kritisieren. Sagen Sie zum Beispiel *„Ich habe das Bedürfnis, meine Meinung zu diesem Thema zu teilen"* statt *„Du hörst mir nie zu"*.

Kommunikation, nonverbale

Achte darauf, dass deine Körpersprache und dein Tonfall deine Durchsetzungsvermögen widerspiegeln. Behalten Sie eine aufrechte Haltung bei, halten Sie den richtigen Augenkontakt und verwenden Sie einen ruhigen und selbstbewussten Tonfall.

Schritt 6: Training und Praxis

Durchsetzungsvermögen ist eine Fähigkeit, die sich mit der Praxis verbessert. Suchen Sie nach Möglichkeiten, um in realen Situationen durchsetzungsfähig zu sein. Beginnen Sie mit weniger stressigen Situationen und entwickeln Sie sich mit zunehmendem Selbstvertrauen zu komplexeren Situationen.

Stellen Sie sich zum Beispiel vor, Sie brauchen abends nach der Arbeit mehr Zeit für sich selbst. So können Sie die Schritte anwenden:

+ **Schritt 1:** Identifizieren Sie Ihr Bedürfnis: Sie brauchen Zeit, um sich nach einem Arbeitstag zu entspannen und neue Energie zu tanken.
+ **Schritt 2:** Sei klar und konkret: Drücke aus, dass du jeden Abend 30 Minuten ruhige Zeit brauchst, um dich zu entspannen.
+ **Schritt 3:** Gegenseitiger Respekt: Schlagen Sie eine Lösung vor, die auch die Bedürfnisse Ihres Partners oder Ihrer Familie berücksichtigt, z. B. die Vereinbarung eines Zeitfensters, in dem Sie Ihre ruhige Zeit haben können, ohne die Aktivitäten anderer zu stören.
+ **Schritt 4:** Verwenden Sie Durchsetzungsvermögen: Sagen Sie: "Ich brauche jeden Abend 30 Minuten ruhige Zeit, um mich zu entspannen und neue Energie zu tanken. Wäre es möglich, eine Zeit zu finden, die allen passt?"
+ **Schritt 5:** Stellen Sie sicher, dass Ihre nonverbale Kommunikation mit Ihrer Nachricht übereinstimmt. Halten Sie Augenkontakt, eine offene Haltung und verwenden Sie einen sicheren Tonfall. Schritt 6: Üben Sie diese durchsetzungsfähige Kommunikation regelmäßig, um Ihre Durchsetzungskompetenz zu stärken.

Durch die Entwicklung Ihrer Durchsetzungsfähigkeiten werden Sie in der Lage sein, Ihre Bedürfnisse, Meinungen und Grenzen respektvoll und effektiv zu kommunizieren und gleichzeitig ausgewogene und befriedigende Beziehungen zu anderen zu fördern.

+ **Rezensionsmanagement:**

Konstruktive Kritik nicht defensiv akzeptieren, Lernmöglichkeiten erkennen und impulsive oder aggressive Reaktionen vermeiden.

Praxisblatt: Umgang mit Kritik

Kritikmanagement ist eine wertvolle Fähigkeit, um konstruktive Kritik nicht defensiv zu akzeptieren und dieses Feedback in Lernmöglichkeiten umzuwandeln. Hier ist eine Schritt-für-Schritt-Anleitung zur Entwicklung dieser Fähigkeit:

Schritt 1: Kritik erhalten, ohne impulsiv zu reagieren

Wenn Sie Kritik erhalten, machen Sie eine mentale Pause, um nicht sofort defensiv oder aggressiv zu reagieren. Atmen Sie tief durch und nehmen Sie sich einen Moment Zeit, um nachzudenken, bevor Sie antworten. **Zum Beispiel:** Ein Kollege weist Sie darauf hin, dass Sie Ihre Organisation in Teambesprechungen verbessern könnten.

Schritt 2: Aktiv zuhören und offen bleiben

Höre der Kritik aufmerksam zu, ohne sie zu unterbrechen. Seien Sie offen für die Perspektive der anderen Person und seien Sie bereit, deren Sichtweise zu verstehen. **Zum Beispiel:** Hören Sie sich die Vorschläge Ihres Kollegen zur Organisation von Meetings genau an und versuchen Sie zu verstehen, warum er der Meinung ist, dass Verbesserungen vorgenommen werden könnten.

Schritt 3: Lernmöglichkeiten erkennen

Sehen Sie Kritik als Chance zu lernen und zu wachsen. Erkenne, dass auch konstruktive Kritik dir helfen kann, dich zu verbessern und neue Fähigkeiten zu entwickeln.**Zum Beispiel:** Akzeptieren Sie, dass Sie von einer besseren Organisation von Meetings profitieren könnten, um die Effizienz und Produktivität zu steigern.

Schritt 4: Stellen Sie Fragen zur Klärung

Wenn Sie weitere Details oder Klarstellungen zur Kritik benötigen, zögern Sie nicht, respektvolle Fragen zu stellen, um die Erwartungen und Vorschläge der anderen Person besser zu verstehen. **Zum Beispiel:** Fragen Sie Ihren Kollegen, welche spezifischen Aspekte der Sitzungsorganisation er glaubt, dass Sie sich verbessern könnten.

Schritt 5: Konstruktiv reagieren

Wenn Sie sich die Zeit genommen haben, der Kritik zuzuhören und sie zu verstehen, antworten Sie konstruktiv und respektvoll. Erkläre, wie du diese Kritik nutzen willst, um dich zu verbessern. **Zum Beispiel:** Antworte deinem Kollegen mit: „Danke für dein Feedback. Ich werde Ihre Anregungen berücksichtigen und in Zukunft an einer besseren Sitzungsorganisation arbeiten. Ich schätze Ihren Input, damit unser Team effizienter wird."

Schritt 6: Nachverfolgen und Änderungen übernehmen

Stellen Sie sicher, dass Sie nachvollziehen, wie Sie Kritik nutzen, um positive Veränderungen herbeizuführen. Zeigen Sie, dass Sie aus der Kritik gelernt haben, indem Sie konkrete Maßnahmen umsetzen. **Zum Beispiel:** Wenden Sie bei zukünftigen Meetings die Vorschläge Ihres Kollegen an, indem Sie einen organisierteren Ansatz verfolgen und die Teilnahme aller Teammitglieder fördern.

Durch den Aufbau von Kritikmanagement-Fähigkeiten werden Sie in der Lage sein, konstruktives Feedback nicht defensiv zu akzeptieren und es zur Verbesserung zu nutzen. Eine offene und aufgeschlossene Haltung ermöglicht es Ihnen, Kritik in Lernmöglichkeiten zu verwandeln und Ihre beruflichen und persönlichen Fähigkeiten zu stärken.

Kompetenzen in zwischenmenschlichen Beziehungen:

+ **Entwicklung und Pflege von Freundschaften:**

Initiieren und pflegen Sie freundschaftliche Beziehungen, zeigen Sie Interesse und Engagement für andere und pflegen Sie eine regelmäßige Kommunikation.

Praxisblatt: Entwicklung und Pflege von Freundschaften

Zwischenmenschliche Beziehungsfähigkeiten sind für die Entwicklung und Aufrechterhaltung gesunder Freundschaften unerlässlich. Hier ist eine Schritt-für-Schritt-Anleitung zur Entwicklung dieser Fähigkeiten:

Schritt 1: Freundschaften knüpfen

Zeigen Sie Interesse an anderen: Stellen Sie offene Fragen, um mehr über Menschen und ihr Leben zu erfahren. Zeigen Sie echtes Interesse an dem, was sie zu sagen haben. Beispiel: Wenn Sie jemanden zum ersten Mal treffen, bitten Sie ihn, mit Ihnen über seine Interessen oder Leidenschaften zu sprechen.

Schritt 2: Regelmäßige Kommunikation aufbauen

Halten Sie regelmässigen Kontakt: Führen Sie regelmässige Gespräche mit Ihren Freunden. Nutzen Sie verschiedene Kommunikationsmittel wie

Telefonate, Textnachrichten oder persönliche Begegnungen. Beispiel: Rufen Sie einen Freund an, um von ihm zu hören und regelmäßig zu plaudern.

Schritt 3: Interesse und Engagement zeigen

Seien Sie aufmerksam und empfänglich: Hören Sie aktiv zu und zeigen Sie Einfühlungsvermögen gegenüber Ihren Freunden. Zeigen Sie ihnen, dass Sie sich um ihre Gefühle und Erfahrungen kümmern. Beispiel: Wenn Ihr Freund ein Anliegen oder einen Erfolg teilt, zeigen Sie Empathie und stellen Sie Fragen, um mehr zu erfahren.

Schritt 4: Qualitätsmomente teilen

Schaffen Sie Gelegenheiten, Zeit miteinander zu verbringen: Planen Sie angenehme Aktivitäten und teilen Sie Qualitätsmomente mit Ihren Freunden. Organisieren Sie gemeinsame Ausflüge, Abendessen oder Aktivitäten, die die Bindung stärken. Beispiel: Laden Sie Ihre Freunde zu einem Picknick, einer Filmnacht oder einer Outdoor-Wanderung ein.

Schritt 5: Gegenseitige Unterstützung

Bieten Sie emotionale Unterstützung: Seien Sie für Ihre Freunde da, wenn sie schwierige Zeiten durchmachen. Höre ohne Urteil zu und biete bei Bedarf Unterstützung und Rat an. Beispiel: Wenn ein Freund eine Stresssituation durchmacht, bieten Sie ihm Ihre Unterstützung an, indem Sie ihm aktiv zuhören und nützliche Lösungen oder Ressourcen anbieten.

Schritt 6: Wahrung der Authentizität

Sei du selbst: Bleibe authentisch in freundschaftlichen Beziehungen. Haben Sie keine Angst, Ihre Meinung zu äußern oder mit Ihren Freunden verletzlich zu sein. Beispiel: Teilen Sie Ihre Gefühle und persönlichen Erfahrungen ehrlich und selbstbestimmt mit Ihren Freunden.

Durch die Entwicklung dieser zwischenmenschlichen Fähigkeiten werden Sie in der Lage sein, gesunde Freundschaften zu entwickeln und zu pflegen. Ergreifen Sie die Initiative, Beziehungen zu initiieren, pflegen Sie eine regelmäßige Kommunikation, zeigen Sie Interesse und Engagement für andere, teilen Sie Qualitätsmomente und bieten Sie gegenseitige Unterstützung. Diese Fähigkeiten helfen dir, sinnvolle Bindungen zu knüpfen und deine freundschaftlichen Beziehungen zu stärken.

↓ **Festlegung von Grenzen:**

Persönliche Grenzen definieren und aufrechterhalten und die Grenzen anderer in zwischenmenschlichen Beziehungen respektieren.

Praxisblatt: Festsetzung von Limiten

Für den Aufbau gesunder zwischenmenschlicher Beziehungen ist es unerlässlich, persönliche Grenzen zu definieren und aufrechtzuerhalten. Hier ist eine Schritt-für-Schritt-Anleitung zur Entwicklung dieser Fähigkeit:

Schritt 1: Identifizieren Sie Ihre persönlichen Grenzen

- Nehmen Sie sich Zeit, um über Ihre Bedürfnisse, Werte und persönlichen Vorlieben nachzudenken. Identifizieren Sie Verhaltensweisen, Situationen oder Anforderungen, die Ihnen unangenehm sind und die Sie einschränken möchten. **Zum Beispiel:** Sie können erkennen, dass Sie jeden Tag Zeit alleine brauchen, um neue Energie zu tanken.

Schritt 2: Seien Sie klar und spezifisch

- Bringen Sie Ihre Grenzen klar, spezifisch und respektvoll zum Ausdruck. Verwende positive Sätze, um zu kommunizieren, was du akzeptierst und was du nicht akzeptierst. **Zum Beispiel:** Sagen Sie "Ich bevorzuge es, mindestens 24 Stunden im Voraus benachrichtigt zu werden, bevor ich eine Einladung annehme", anstatt "Ich hasse es, wenn Leute mich bitten, in letzter Minute auszugehen".

Schritt 3: Kommunizieren Sie Ihre Grenzen durchsetzungsfähig

- Verwenden Sie durchsetzungsfähige Kommunikation, um Ihre Grenzen auszudrücken. Seien Sie respektvoll, aber standhaft in Ihrem Ausdruck und achten Sie auf eine offene Haltung und einen ruhigen Tonfall. **Zum Beispiel:** Wenn dich jemand bittet, etwas zu tun, das über deine Grenzen hinausgeht, antworte selbstbewusst: „Ich verstehe, dass du Hilfe brauchst, aber ich bin gerade nicht in der Lage, dies zu tun."

Schritt 4: Respektieren Sie die Grenzen anderer

- Die Grenzen anderer zu erkennen und zu respektieren ist genauso wichtig wie deine eigenen zu definieren. Achte auf die Signale und Wünsche anderer und vermeide es, persönliche Grenzen zu überschreiten. **Zum Beispiel:** Wenn ein Freund Ihnen mitteilt, dass er ein bestimmtes Thema nicht diskutieren möchte, respektieren Sie seine Bitte und drängen Sie ihn nicht dazu, darüber zu sprechen.

Schritt 5: Stellen Sie sich den Herausforderungen

- Bereiten Sie sich auf Situationen vor, in denen Ihre Grenzen in Frage gestellt oder verletzt werden können. Bleiben Sie bei Ihren Überzeugungen und geben Sie nicht unter sozialem Druck oder unvernünftigen Forderungen nach. **Zum Beispiel:** Wenn jemand versucht, Sie davon zu überzeugen, Ihre Grenzen zu überschreiten, denken Sie daran, wie wichtig es ist, auf sich selbst aufzupassen und Ihre Position zu halten.

Schritt 6: Üben Sie durchsetzungsfähige Kommunikation

- Übe regelmäßig, deine Grenzen durchsetzungsfähig zu kommunizieren. Je mehr Sie es praktizieren, desto natürlicher und effektiver wird es in Ihren zwischenmenschlichen Interaktionen. **Zum Beispiel:** Stellen Sie sich Szenarien vor, in denen Sie Ihre Grenzen ausdrücken und die entsprechenden durchsetzungsfähigen Antworten üben müssen.

Indem Sie Ihre Grenzen setzenden Fähigkeiten entwickeln, werden Sie in der Lage sein, klare persönliche Grenzen zu definieren und aufrechtzuerhalten, die Grenzen anderer zu respektieren und gesunde und ausgewogene zwischenmenschliche Beziehungen zu pflegen. Durchsetzungsfähige Kommunikation ist der Schlüssel zum Aufbau respektvoller Beziehungen, in denen sich jeder in seinen persönlichen Grenzen gehört und respektiert fühlt.

✦ Kooperationskompetenzen:

Effektiv im Team arbeiten, Verantwortung teilen, Konflikte konstruktiv lösen und zu einem gemeinsamen Ziel beitragen.

Kooperative Fähigkeiten sind entscheidend, um effektiv im Team zu arbeiten, Verantwortung zu teilen, Konflikte konstruktiv zu lösen und zu einem gemeinsamen Ziel beizutragen. Hier ist eine Schritt-für-Schritt-Anleitung zur Entwicklung dieser Fähigkeiten:

Schritt 1: Klare, gemeinsame Ziele setzen

Definieren Sie klare Ziele, die mit den Teammitgliedern geteilt werden. Stellen Sie sicher, dass alle diese gemeinsamen Ziele verstehen und sich dafür einsetzen. **Zum Beispiel:** Wenn Sie an einem Teamprojekt arbeiten, legen Sie die spezifischen Ziele fest, die erreicht werden sollen, und stellen Sie sicher, dass alle Teammitglieder sie verstehen und akzeptieren.

Schritt 2: Teilung der Verantwortung

Verteilen Sie die Verantwortlichkeiten gleichmäßig unter den Teammitgliedern. Identifizieren Sie die Stärken und Fähigkeiten jedes Mitglieds, um den Beitrag jedes Mitglieds zu maximieren. **Zum Beispiel:** Weisen Sie in einem Projektteam jedem Mitglied aufgrund seiner Fähigkeiten und Interessen spezifische Aufgaben zu. Stellen Sie sicher, dass jedes Mitglied seine Verantwortlichkeiten klar versteht.

Offene, transparente Kommunikation

Fördern Sie eine offene und transparente Kommunikation im Team. Fördern Sie den Austausch von Ideen, das aktive Zuhören und den Respekt für die Meinungen aller. **Zum Beispiel:** Ermutigen Sie bei Teambesprechungen alle Mitglieder, ihre Ideen zu teilen und ihre Anliegen zu äußern. Fördern Sie ein Umfeld, in dem sich alle wohl fühlen und frei kommunizieren können.

Schritt 4: Konstruktive Konfliktlösung

Entscheiden Sie sich bei Konflikten für einen konstruktiven Lösungsansatz. Hören Sie sich die verschiedenen Perspektiven an, suchen Sie nach gegenseitig akzeptablen Lösungen und bevorzugen Sie Kompromisse. **Zum Beispiel:** Wenn innerhalb des Teams Unstimmigkeiten auftreten, organisieren Sie eine Diskussion, damit jedes Mitglied seine Meinung äußern kann. Fördern Sie die Suche nach Lösungen, die die Interessen aller Mitglieder berücksichtigen.

Schritt 5: Zusammenarbeit und gegenseitige Unterstützung

Fördern Sie die Zusammenarbeit und gegenseitige Unterstützung unter den Teammitgliedern. Fördern Sie den Austausch von Wissen, Erfahrungen und Ideen, um gemeinsame Ziele zu erreichen. **Zum Beispiel:** Ermutigen Sie die Teammitglieder, sich gegenseitig zu helfen, Wissen auszutauschen und Unterstützung anzubieten, wenn ein Mitglied auf Schwierigkeiten stößt.

Schritt 6: Evaluation und lebenslanges Lernen

Führen Sie regelmässige Assessments durch, um Stärken und Verbesserungspotenziale des Teams zu identifizieren. Nutze diese Bewertungen, um gemeinsam zu lernen und dich zu verbessern. **Zum Beispiel:** Führen Sie nach Abschluss eines Projekts ein Teammeeting durch, um den Prozess zu bewerten, Erfolge und Herausforderungen zu identifizieren und Lehren für zukünftige Projekte zu ziehen.

Durch die Entwicklung Ihrer kooperativen Fähigkeiten werden Sie in der Lage sein, effektiv im Team zu arbeiten, Verantwortung zu teilen, Konflikte konstruktiv zu lösen und zu einem gemeinsamen Ziel beizutragen. Die Zusammenarbeit fördert eine bessere Produktivität, eine reibungslosere Kommunikation und eine höhere Zufriedenheit im Team.

Fähigkeiten im Umgang mit sozialem Stress:

⬇ Umgang mit sozialer Angst:

Entwicklung von Entspannungs-, Selbstberuhigungs- und Atemtechniken zur Bewältigung von Angstzuständen in sozialen Situationen.

Praxisblatt: Umgang mit sozialer Angst

Soziales Angstmanagement beinhaltet die Entwicklung von Entspannungs-, Selbstberuhigungs- und Atemtechniken zur Bewältigung von Angstzuständen in sozialen Situationen. Hier ist eine Schritt-für-Schritt-Anleitung zur Entwicklung dieser Fähigkeiten:

Schritt 1: Kenntnis der sozialen Angst

Lernen Sie, die Anzeichen und Symptome sozialer Angst zu erkennen. Verstehen Sie die negativen Gedanken und Überzeugungen, die zu Ihrer Angst beitragen können. **Zum Beispiel:** Achten Sie auf körperliche Anzeichen wie beschleunigte Herzfrequenz, verschwitzte Hände oder selbstentwertende negative Gedanken, die in sozialen Situationen auftreten.

Entspannungstechniken

Lerne Entspannungstechniken, um Angstzustände zu reduzieren. Dazu können Methoden wie tiefes Atmen, Meditation, Yoga oder progressive Muskelentspannung gehören. **Zum Beispiel:** Üben Sie die tiefe Atmung, indem Sie 4 Sekunden lang langsam durch die Nase einatmen, die Atmung 4 Sekunden lang halten und dann 4 Sekunden lang langsam durch den Mund ausatmen. Wiederholen Sie dies mehrmals, um sich zu entspannen.

Schritt 3: Selbstberuhigung

Entwickeln Sie Selbstberuhigungsstrategien zur Bewältigung von Angstzuständen in sozialen Situationen. Nutzen Sie positive Gedanken, Affirmationen und Erinnerungen an den eigenen Wert und die eigenen Fähigkeiten. **Zum Beispiel:** Wenn Sie sich in einer sozialen Situation ängstlich fühlen, sagen Sie sich positive Affirmationen wie "Ich bin in der Lage, mich wohl zu fühlen und mit anderen zu interagieren" oder "Ich bin eine freundliche und würdige Person".

Schritt 4: Schrittweise Belichtung

Üben Sie die allmähliche Exposition gegenüber sozialen Situationen, die Sie ängstlich machen. Beginnen Sie mit weniger stressigen Situationen und kommen Sie langsam in schwierigere Situationen. **Zum Beispiel:** Beginnen Sie damit, sich kleinen sozialen Interaktionen auszusetzen, wie einem Nachbarn Hallo zu sagen, und machen Sie dann Fortschritte in komplexeren Situationen, wie der Teilnahme an einem Gruppentreffen.

Schritt 5: Soziale Unterstützung

Suche dir Unterstützung von wohlwollenden Menschen in deinem Umfeld. Teile deine Gefühle und Sorgen mit Freunden oder Familienmitgliedern, die dich unterstützen und ermutigen können. **Zum Beispiel:** Sprechen Sie mit einem vertrauenswürdigen Freund über Ihre Schwierigkeiten bei sozialen Ängsten. Bitten Sie um ihre Unterstützung und erwägen Sie, soziale Situationen mit ihnen zu üben, um Selbstvertrauen zu gewinnen.

Schritt 6: Praxis und Ausdauer

Üben Sie regelmäßig Techniken zur Bewältigung sozialer Angstzustände und setzen Sie Ihre Bemühungen zur Überwindung von Angstzuständen fort. Akzeptieren Sie, dass der Fortschritt schrittweise erfolgen kann und dass jeder Schritt nach vorne zählt. **Zum Beispiel:** Verpflichten Sie sich, jeden Tag Entspannungs- und Selbstberuhigungstechniken zu praktizieren, und stellen Sie sich sozialen Situationen mit Entschlossenheit und Ausdauer.

Indem du deine Fähigkeiten im Umgang mit sozialen Ängsten entwickelst, wirst du in der Lage sein, besser mit sozialen Situationen umzugehen, Ängste abzubauen und dich im Umgang mit anderen wohler zu fühlen. Seien Sie geduldig, üben Sie regelmäßig und zögern Sie nicht, bei Bedarf zusätzliche Unterstützung wie kognitive Verhaltenstherapie zu suchen, um Sie auf Ihrem Weg zur Bewältigung sozialer Angstzustände zu unterstützen.

✦ Umgang mit sozialem Druck:

Umgang mit Gruppendruck, sozialen Erwartungen und Bewertungssituationen, um ein Maß an Vertrauen und Ruhe in sozialen Interaktionen aufrechtzuerhalten.

Praxisblatt: Umgang mit sozialem Druck

Beim Umgang mit sozialem Druck geht es darum, sozialen Erwartungen, Gruppenzwang und Bewertungssituationen zu begegnen und gleichzeitig ein Maß an Vertrauen und Ruhe in sozialen Interaktionen aufrechtzuerhalten. Hier ist eine Schritt-für-Schritt-Anleitung zur Entwicklung dieser Fähigkeiten:

Schritt 1: Bewusstsein für sozialen Druck

- Erkenne den sozialen Druck und die Erwartungen, die dein Verhalten und deine Emotionen beeinflussen können. Identifizieren Sie Situationen oder Momente, in denen Sie den größten Druck verspüren. **Zum Beispiel:** Identifizieren Sie Situationen wie öffentliche Präsentationen, Vorstellungsgespräche oder wichtige gesellschaftliche Ereignisse, bei denen Sie einen hohen sozialen Druck verspüren.

Schritt 2: Unrealistische Erwartungen hinterfragen

- Stellen Sie unrealistische Erwartungen an sich selbst oder an andere in Frage. Erkenne, dass du nicht jedem gefallen kannst und dass es normal ist, Unvollkommenheiten zu haben. **Zum Beispiel:** Anstatt Perfektion anzustreben, akzeptiere, dass du dein Bestes gibst und dass Fehler ein normaler Teil des Lernens und Wachstums sind.

Schritt 3: Identifizieren Sie Ihre Werte und Prioritäten

- Identifizieren Sie Ihre persönlichen Werte und Prioritäten. Finde heraus, was dir wirklich wichtig ist, um Entscheidungen zu treffen, die zu dir passen, anstatt die Erwartungen anderer zu erfüllen. **Zum Beispiel:** Identifizieren Sie Ihre Grundwerte wie Ehrlichkeit, Authentizität oder Work-Life-Balance und richten Sie Ihr Handeln entsprechend aus.

Schritt 4: Stärken Sie Ihr Selbstwertgefühl

- Arbeite an deinem Selbstwertgefühl, indem du eine positive Selbstwahrnehmung entwickelst. Feiern Sie Ihre Leistungen, erkennen Sie Ihre Stärken und umgeben Sie sich mit Menschen, die Sie unterstützen. **Zum Beispiel:** Führen Sie ein Tagebuch, in dem Sie Ihre Leistungen, Fähigkeiten und positiven Eigenschaften notieren. Übe Selbstmitgefühl, indem du dich freundlich und verständnisvoll behandelst.

Schritt 5: Entwickeln Sie Strategien zur Selbstberuhigung

- Entwickeln Sie Selbstberuhigungsstrategien, um mit sozialem Druck umzugehen. Verwenden Sie Entspannungs-, Tiefenatmungs- oder Visualisierungstechniken, um Ihren Geist zu beruhigen und Angstzustände zu reduzieren. **Zum Beispiel:** Nehmen Sie sich vor einer Stresssituation einen Moment Zeit, um tief durchzuatmen und sich vorzustellen, dass Sie sich ruhig, selbstbewusst und in der Lage fühlen, mit dem Druck umzugehen.

<u>Schritt 6: Setzen Sie gesunde Grenzen</u>

- Legen Sie klare Grenzen fest und halten Sie sich daran. Lerne, nein zu sagen, wenn du dich überfordert fühlst oder wenn die Wünsche anderer im Widerspruch zu deinen Werten oder Prioritäten stehen. **Zum Beispiel:** Wenn Sie sich von übertriebenen Forderungen überwältigt fühlen, lernen Sie, durchsetzungsstark Nein zu sagen, während Sie Ihre Grenzen erklären und wenn möglich Alternativen vorschlagen.

Durch die Entwicklung Ihrer Fähigkeiten im Umgang mit sozialem Druck können Sie trotz sozialer Erwartungen und Gruppenzwang ein Maß an Vertrauen und Ruhe in sozialen Interaktionen aufrechterhalten. Bleibe dir selbst treu, respektiere deine Grenzen und wende Selbstberuhigungsstrategien an, um mit Bewertungssituationen umzugehen und dein emotionales Wohlbefinden zu erhalten.

Diese Sozialkompetenzen können durch praktische Übungen, Szenarien, Rollenspiele und reale Interaktionen mit anderen trainiert werden. Durch das Üben dieser Fähigkeiten können Sie Ihr soziales Wohlbefinden verbessern, Ihre zwischenmenschlichen Beziehungen stärken und sich in sozialen Situationen wohler fühlen.

1. Konditionierung: Erstellen Sie realistische soziale Szenarien, in denen Sie verschiedene soziale Fähigkeiten wie verbale und nonverbale Kommunikation, aktives Zuhören und Konfliktlösung üben können. Simulieren Sie beispielsweise ein Gespräch mit einem Kollegen, eine Konfrontation mit einem Freund oder eine Interaktion mit einem Fremden.

2. **Rollenspiele:** Spiele mit einem Partner verschiedene Rollen, in denen du spezifische Sozialkompetenzen übst. Zum Beispiel kann der eine die Rolle eines unzufriedenen Kunden und der andere die des Kundendienstes

spielen, oder der eine kann die Rolle eines neuen Schülers in einer Klasse und der andere die eines gastfreundlichen Kommilitonen spielen.

3. **Videoanalyse:** Sehen Sie sich Videos oder Filme mit sozialen Interaktionen an und diskutieren Sie diese anschließend. Analysieren Sie das Verhalten der Charaktere, identifizieren Sie die verwendeten sozialen Fähigkeiten und diskutieren Sie, was gut funktioniert hat und was hätte verbessert werden können.

4. **Aktive Beobachtung:** Üben Sie die aktive Beobachtung in realen sozialen Situationen. Notieren Sie sich das nonverbale Verhalten, die Mimik, die Haltung und den Tonfall anderer. Dann überlege dir diese Beobachtungen und was du lernen kannst, um deine eigenen Sozialkompetenzen zu verbessern.

5. **Kommunikationsübungen:** Üben Sie spezifische Fähigkeiten wie aktives Zuhören, offene Fragen formulieren, durchsetzungsfähige Kommunikation und Konfliktlösung. Sie können dies tun, indem Sie an Kommunikationsworkshops teilnehmen oder diese Fähigkeiten in täglichen Gesprächen mit Freunden, Familienmitgliedern oder Kollegen üben.

6. **Feedback und Selbsteinschätzung:** Fragen Sie nach der Teilnahme an sozialen Interaktionen Ihre Partner oder externe Beobachter um Feedback. Identifizieren Sie Ihre Stärken und Bereiche, die verbessert werden müssen, und entwickeln Sie einen Plan, um an diesen spezifischen Fähigkeiten zu arbeiten.

Indem Sie diese Übungen regelmäßig durchführen und nach Möglichkeiten suchen, Ihre sozialen Fähigkeiten in verschiedenen Kontexten anzuwenden, können Sie Ihre soziale Leichtigkeit stärken und Ihre zwischenmenschlichen Beziehungen im Laufe der Zeit verbessern.

Behandlungsplanung und Therapieziele

Die Behandlungsplanung und die Festlegung von Therapiezielen sind Schlüsselelemente der Verhaltens- und kognitiven Therapie. Diese Prozesse ermöglichen es, die Behandlungsrichtung zu definieren, die vorrangigen Bereiche zu identifizieren, an denen gearbeitet werden muss, und die erzielten Fortschritte zu messen. Hier sind die wichtigen Schritte der Behandlungsplanung und der Festlegung der Behandlungsziele:

Zielsetzung

Die Festlegung klarer und spezifischer Therapieziele ist für die therapeutische Arbeit unerlässlich. Die Therapieziele sind präzise, messbar, erreichbar, realistisch und zeitlich definiert (Smart) zu formulieren.

SMART ist ein Akronym, das verwendet wird, um die wesentlichen Merkmale therapeutischer Ziele zu beschreiben:

- **Spezifisch:** Das Ziel muss klar definiert und präzise sein und sich auf einen bestimmten Bereich konzentrieren, der verbessert werden muss.
- **Messbar (Measurable):** Das Ziel muss messbar sein, um den Fortschritt messen zu können. Zur Beurteilung der Zielerreichung sind objektive Kriterien heranzuziehen.
- **Erreichbar (Achievable):** Das Ziel muss realistisch und erreichbar sein. Es muss auf die Fähigkeiten und Ressourcen des Patienten abgestimmt sein.
- **Realistisch:** Das Ziel muss unter Berücksichtigung der Umstände und Einschränkungen des Patienten erreichbar sein. Sie muss realistisch sein und den Erwartungen und Fähigkeiten des Patienten entsprechen.
- **Zeitlich festgelegt (Time-bound):** Das Ziel muss ein bestimmtes Zeitlimit haben, um ausgewertet werden zu können. Es muss ein Zeitraum festgelegt werden, um das Ziel zu erreichen oder den Fortschritt zu beobachten.

Zusammenfassend ist SMART ein strukturierter Ansatz zur Festlegung spezifischer, messbarer, erreichbarer, realistischer und zeitlich definierter Therapieziele. Auf diese Weise können klare, auswertbare und auf die Situation des Patienten abgestimmte Ziele erstellt werden.

Hier ein konkretes Beispiel, um die Festlegung von Therapiezielen zu veranschaulichen:

Situation: Eine Person leidet unter intensiver sozialer Angst und vermeidet soziale Situationen aufgrund von Angst vor Urteil und Verlegenheit.

Therapeutisches Ziel: Soziale Angst reduzieren und Partizipation in sozialen Situationen verbessern.

> **Spezifisch:** Reduzieren Sie soziale Ängste, die speziell mit Gruppensituationen und sozialen Interaktionen zusammenhängen.
> **Messbar:** Soziale Angst anhand validierter Bewertungsskalen wie der Social Anxiety Scale (SSA) bewerten.
> **Erreichbar:** Entwickeln Sie Strategien zur allmählichen Exposition gegenüber sozialen Situationen, um Angstzustände schrittweise und machbar zu reduzieren.
> **Realistisch:** Berücksichtigen Sie die Fähigkeiten und Ressourcen des Patienten sowie den Kontext, in dem er sich bewegt.
> **Zeitlich festgelegt:** Legen Sie einen realistischen Zeitrahmen fest, um signifikante Verbesserungen zu beobachten, z. B. um soziale Angstzustände innerhalb von drei Monaten nach Beginn der Therapie um 50 % zu reduzieren.

Therapeutische Strategien zur Zielerreichung:

> **Allmähliche Exposition:** Beginnen Sie mit weniger einschüchternden sozialen Situationen und erhöhen Sie allmählich den Schwierigkeitsgrad, indem Sie sich immer komplexeren Gruppensituationen aussetzen.
> **Techniken zur Bewältigung von Angstzuständen:** Erlernen von Entspannungs-, Tiefatmungs- und kognitiven Umstrukturierungstechniken zur Bewältigung von Angstzuständen und damit verbundenen negativen Gedanken.
> **Erwerb sozialer Kompetenzen:** Entwicklung von Kommunikationsfähigkeiten, Durchsetzungsvermögen und aktivem Zuhören, um die sozialen Interaktionen zu verbessern.
> **Einsatz von sozialer Unterstützung:** Förderung der Suche nach Unterstützung bei Vertrauenspersonen wie Freunden oder Familienmitgliedern, um das soziale Netzwerk und das Gefühl der Sicherheit in sozialen Situationen zu stärken.

Die Festlegung von Therapiezielen ermöglicht es, die therapeutische Arbeit gezielt zu steuern und die erzielten Fortschritte zu messen. Es ist wichtig, die Ziele regelmäßig neu zu bewerten, um sie an die sich ändernden Bedürfnisse des Patienten und die erzielten Ergebnisse anzupassen.

Planung der Therapiesitzungen.

Sobald die Ziele festgelegt sind, erfolgt die Planung der Therapiesitzungen. Der Therapeut und der Patient bestimmen die Häufigkeit und Dauer der Sitzungen sowie die spezifischen Techniken und Eingriffe, die angewendet werden.

Die Planung der Therapiesitzungen berücksichtigt die Bedürfnisse und Präferenzen des Patienten sowie die Art der zu behandelnden Probleme. Es kann eine Kombination aus kognitiven und Verhaltenstechniken beinhalten, die an die spezifischen therapeutischen Ziele angepasst sind.

Bei Selbsttherapie:

Bei der Selbsttherapie liegt die Planung der Therapiesitzungen beim Einzelnen selbst. Es ist wichtig, eine Struktur und einen Rahmen zu schaffen, um die Selbsttherapie zu unterstützen und ihren Nutzen zu maximieren. Hier sind einige wichtige Punkte, die bei der Planung von Selbsttherapiesitzungen zu beachten sind:

1) **Häufigkeit der Sitzungen:** Legen Sie fest, wie oft Sie sich an Selbsttherapiesitzungen beteiligen möchten. Dies kann je nach Bedarf und Verfügbarkeit variieren. Sie können sich für regelmäßige Sitzungen entscheiden, zum Beispiel entscheiden Sie sich, einmal pro Woche, jeden Sonntagnachmittag, für eine Dauer von 30 Minuten Selbsttherapiesitzungen durchzuführen. Sie blockieren diesen Zeitplan in Ihrem Zeitplan, um sicherzustellen, dass Sie sich regelmäßig Zeit für Ihr emotionales Wohlbefinden nehmen.

2) **Dauer der Sitzungen:** Legen Sie eine angemessene Dauer für Ihre Selbsttherapiesitzungen fest. Dies kann je nach Ihrer Präferenz und Ihrer Fähigkeit, sich in einer reflektierenden und introspektiven Praxis zu engagieren, variieren Zum Beispiel: Sie legen eine Dauer von 20 Minuten für Ihre Selbsttherapiesitzungen fest. So können Sie sich in dieser Zeit voll und ganz konzentrieren, ohne sich von einer langen Sitzung überwältigt zu fühlen. Sie wählen den Abend vor dem Schlafengehen, um sich zu entspannen und nachzudenken.

3) **Strukturierung der Sitzungen:** Entwickeln Sie eine Struktur für Ihre Selbsttherapiesitzungen, um deren Wirksamkeit zu maximieren. Dies kann Elemente wie das Nachdenken über vergangene Erfahrungen, das

Identifizieren negativer automatischer Gedanken, das Bewerten dieser Gedanken und das Üben spezifischer Techniken wie kognitive Umstrukturierung oder Entspannung umfassen. Zum Beispiel: Sie strukturieren Ihre Selbsttherapiesitzungen in drei Teile:

    a. Reflexion über vergangene Erfahrungen und gefühlte Emotionen,

    b. Erkennen negativer automatischer Gedanken und Aufzeichnen dieser Gedanken in Ihrem Gedankentagebuch.

    c. Praxis der kognitiven Umstrukturierung, indem negative Gedanken durch anpassungsfähigere Gedanken ersetzt werden.

4) **Einsatz von Tools und Ressourcen:** Identifizieren Sie Tools und Ressourcen, die Sie bei Ihrer Selbsttherapie unterstützen können. Dazu können Bücher, Gedanken-Tagebücher, Online-Therapie-Apps, Meditations- oder Entspannungs-Audioaufnahmen und andere Ressourcen gehören, die Ihre Selbsttherapie-Erfahrung bereichern können.

5) **Überwachung und Bewertung:** Richten Sie einen Überwachungs- und Bewertungsprozess ein, um Ihren Fortschritt zu messen und Ihre Selbsttherapiepraxis bei Bedarf anzupassen. Dies kann beinhalten, ein Tagebuch Ihrer Sitzungen zu führen, Änderungen oder Herausforderungen zu notieren und über die erzielten Ergebnisse nachzudenken, um fundierte Entscheidungen für die Zukunft zu treffen.

6)

Hier ist ein einfaches und klares Beispiel einer KVT-basierten Selbsttherapie-Sitzung zur Behandlung eines Stressbewältigungsproblems:

Schritt 1:Vorbereitung

✓ Finden Sie einen ruhigen und gemütlichen Ort, an dem Sie sich ungestört entspannen können.

✓ Planen Sie für diese Selbsttherapie-Sitzung ca. 30 Minuten ein.

✓ Stellen Sie sicher, dass Sie ein Tagebuch oder ein Notizbuch haben, um sich Notizen zu machen.

Schritt 2: Entspannung

✓ Beginnen Sie mit einer Entspannungstechnik zum Entspannen. Dies kann ein tiefes Atmen, eine geführte Meditation oder eine Muskelentspannungsübung sein.

✓ Nimm dir ein paar Minuten Zeit, um dich zu zentrieren und dich auf deine Atmung zu konzentrieren.

Schritt 3: Identifizierung des Problems

✓ Identifizieren Sie das Stressbewältigungsproblem, das Sie in dieser Sitzung angehen möchten. Das könnte zum Beispiel deine Überreaktion auf Stress am Arbeitsplatz sein.

Schritt 4: Automatisches Denken erforschen

✓ Denke über die automatischen Gedanken nach, die auftreten, wenn du mit Stresssituationen am Arbeitsplatz konfrontiert bist. Schreibe diese Gedanken in dein Tagebuch.

✓ Identifizieren Sie negative oder irrationale Gedanken, die zu Ihrer Überreaktion auf Stress beitragen. Zum Beispiel: "Ich muss perfekt sein, sonst bin ich ein totaler Versager."

Schritt 5: Auswertung automatischer Gedanken

✓ Bewerten Sie die von Ihnen identifizierten automatischen Gedanken realistisch. Suche nach Beweisen für und gegen diese Gedanken.

✓ Stellen Sie kognitive Verzerrungen oder Denkfehler in diesen Gedanken in Frage. Fragen Sie sich zum Beispiel, ob diese Forderung nach Perfektion realistisch ist und tatsächlich zu Ihrem Wohlbefinden beiträgt.

Schritt 6: Kognitive Umstrukturierung

✓ Ersetzen Sie negative automatische Gedanken durch anpassungsfähigere und realistischere Gedanken. Ersetzen Sie zum Beispiel „Ich muss perfekt sein, sonst bin ich ein totaler Versager" durch „Ich gebe mein Bestes und lerne aus meinen Fehlern, was normal und menschlich ist."

✓ Übe diese neuen Gedanken, indem du sie laut wiederholst oder in dein Tagebuch schreibst.

7. AKTIONSPLAN

✓ Erarbeiten Sie einen konkreten Aktionsplan zur Bewältigung Ihrer Stressreaktion am Arbeitsplatz. Identifizieren Sie spezifische Strategien, wie regelmäßige Pausen, Entspannungstechniken in stressigen Zeiten oder die Suche nach Unterstützung bei Kollegen oder einem Therapeuten.

✓ Setzen Sie sich messbare und erreichbare Ziele, um diese Strategien in Ihrem Alltag umzusetzen.

Schritt 8: Fazit

✓ Nehmen Sie sich einen Moment Zeit, um zusammenzufassen, was Sie während dieser Selbsttherapie-Sitzung gelernt haben.

✓ Notieren Sie sich Ihre abschließenden Überlegungen und was Sie von nun an in die Praxis umsetzen wollen.

Denken Sie daran, dass dieses Beispiel allgemein ist und die Selbsttherapie je nach spezifischen Problemen und individuellen Vorlieben variieren kann. Es wird empfohlen, einen Psychiater zu konsultieren, um weitere Unterstützung und eine genauere Anpassung an Ihre persönliche Situation zu erhalten.

Die Selbsttherapie erfordert Selbstdisziplin und ein Bekenntnis zu Ihrem emotionalen und mentalen Wohlbefinden. Indem Sie Ihre Selbsttherapiesitzungen planen, Ihre Praktiken strukturieren und die verfügbaren Ressourcen nutzen, können Sie ein Umfeld schaffen, das Ihrer persönlichen Entwicklung und Heilung förderlich ist.

Suivi et évaluation des progrès.

Die Überwachung und Bewertung des Fortschritts ist unerlässlich, um die Wirksamkeit der Behandlung zu bewerten und die notwendigen Anpassungen vorzunehmen. Der Therapeut und der Patient evaluieren regelmässig die erzielten Fortschritte in Bezug auf die Therapieziele. Zur Fortschrittsmessung können verschiedene Tools wie Fragebögen, Selbstbeobachtungen oder Interviews eingesetzt werden. Diese Beurteilungen helfen, mögliche Verbesserungen und Hindernisse zu identifizieren und den Behandlungsplan entsprechend anzupassen.

Hier ist ein Beispiel für einen Fragebogen, der üblicherweise in der kognitiven Verhaltenstherapie zur Beurteilung von Depressionssymptomen verwendet wird: Beck's Depressionsinventar (IDB). Jede Frage wird von einer kurzen Erklärung ihres Zwecks begleitet und am Ende werde ich eine Erklärung zur Bedeutung des Endergebnisses geben.

Jeder Frage der IDB ist ein Punktesystem zugeordnet:

- ➢ 0 Punkt : Symptomfreiheit
- ➢ 1 Punkt: Leichte Symptome
- ➢ 2 Punkte: Moderate Symptome
- ➢ 3 Punkte: Schwere Symptome

Fragebogen: Beck'sches Depressionsinventar (IDB)

1. **Traurigkeit: Wie oft fühlst du dich traurig oder deprimiert?** - Diese Frage bewertet die Häufigkeit von Gefühlen von Traurigkeit oder Depression.

2. **Pessimismus: Wie oft glauben Sie, dass sich nichts jemals verbessern wird?** - Diese Frage beurteilt, wie pessimistisch und hoffnungsvoll die Zukunft ist.

3. **Gefühl der Selbstentwertung: Wie oft fühlen Sie sich entwertet oder wertlos?** - Diese Frage bewertet das Selbstwertgefühl und die Selbstabwertung.

4. **Schuld: Wie oft fühlst du dich schuldig oder verantwortlich für Dinge, die nicht deine Schuld sind?** - Diese Frage beurteilt die Tendenz, sich übermäßig oder unangemessen schuldig zu fühlen.

5. **Weinen: Wie oft weinst du ohne ersichtlichen Grund?** – Diese Frage bewertet die Häufigkeit des Weinens ohne ersichtlichen Grund.

6. **Verlust der Zufriedenheit: Wie oft fühlen Sie sich unzufrieden oder unfähig, Dinge zu genießen, die Sie zuvor geliebt haben?** - Diese Frage bewertet den Verlust des Vergnügens oder des Interesses an den zuvor genossenen Aktivitäten.

7. **Unsicher: Wie oft fällt es Ihnen schwer, Entscheidungen zu treffen?** - Diese Frage bewertet die Schwierigkeiten, Entscheidungen zu treffen.

8. **Energieverlust: Wie oft fühlen Sie sich müde oder es fehlt Ihnen an Energie?** - Diese Frage bewertet das Energieniveau und die allgemeine Müdigkeit.

9. **Appetitveränderungen: Wie oft haben Sie Veränderungen in Ihrem Appetit bemerkt (Zunahme oder Abnahme)?** - Diese Frage beurteilt Veränderungen des Appetits, wie Gewichtsverlust oder Gewichtszunahme.

10. Suizidgedanken: Wie oft hatten Sie Gedanken, sich selbst zu verletzen oder sterben zu wollen? - Diese Frage beurteilt das Vorliegen von Suizidgedanken.

- ➤ **0-9 Punkte: Kein Unterdruck**
- ➤ **10-18 Punkte: Leichte Depression**
- ➤ **19-29 Punkte: Mäßige Depression**
- ➤ **30-63 Punkte: Schwere Depression**

Der endgültige IDB-Score wird erreicht, indem jeder Antwort Punkte nach einer vordefinierten Skala zugewiesen werden. Anhand des Gesamtscores kann die Schwere der depressiven Symptome beurteilt werden. Zum Beispiel deutet eine höhere Punktzahl auf eine schwerere Depression hin, während eine niedrigere Punktzahl auf eine weniger schwere Depression hinweist. Dieser Score kann verwendet werden, um die Entwicklung der Symptome im Laufe der Zeit zu verfolgen und die Wirksamkeit der Behandlung zu bewerten. Eine Abnahme der Punktzahl würde auf eine Verbesserung der depressiven Symptome hinweisen.

Durch regelmässige Überwachung und Auswertung wird sichergestellt, dass die Behandlung wirksam ist, bei Bedarf Änderungen vorgenommen werden und die Motivation des Patienten während des gesamten Therapieprozesses erhalten bleibt.

Übungen und Beispiele:

Hier sind einige Übungen und Beispiele, um Verhaltenstechniken in die Praxis umzusetzen:

1. **Verhaltensaktivierungsübung:**

    ➢ Setzen Sie sich ein kleines Tagesziel, wie einen 10-minütigen Spaziergang.

    ➢ Beispiel: Wenn du dich depressiv fühlst, entscheide dich für ein paar Minuten an die frische Luft zu gehen, auch wenn du keine Lust dazu hast. Schreibe auf, wie du dich nach dieser Aktivität fühlst.

2. **Zeit- und Verantwortungsmanagementübung:**

    ➢ Erstellen Sie eine Prioritätenliste für den Tag.

    ➢ Beispiel: Ordnen Sie Ihre Aufgaben nach Wichtigkeit und planen Sie Ihren Tag, indem Sie jeder Aufgabe eine bestimmte Zeit zuweisen. Verwenden Sie eine Stoppuhr, um konzentriert zu bleiben und Termine einzuhalten.

3. **Graduierte Expositionsübung:**

    ➢ Identifizieren Sie eine Situation, die Sie fürchten, wie zum Beispiel in der Öffentlichkeit zu sprechen.

    ➢ Beispiel: Üben Sie zuerst vor einem Spiegel, dann vor einem engen Freund, bevor Sie sich einer realen Situation des öffentlichen Sprechens stellen.

Durch regelmäßiges Üben dieser Übungen können Sie Ihre Fähigkeiten im Zeitmanagement, in der Verhaltensaktivierung und in der abgestuften Exposition verbessern, was dazu beitragen kann, Ihren Stresslevel zu senken, Ihre Stimmung zu verbessern und mehr Kontrolle über Ihr Leben zu haben.

Teil 3: Mein 12-wöchiges KVT-Programm

Einführung und Vorbereitung.

Sie bereiten sich darauf vor, eine 12-wöchige Reise zu beginnen, die Ihren Umgang mit Angst und Stress buchstäblich verändern wird. Unabhängig von der oder den Formen, die Ihre Störungen annehmen (generalisierte Angstzustände, Phobien, ZWANGSSTÖRUNGEN, Panikstörungen...), hat sich dieses kognitive und verhaltensbezogene Programm bei mehr als 70% der Patienten gemäß den Studien als signifikante Remission oder sogar vollständige Genesung erwiesen.

Warum 12 Wochen? Weil dies die empfohlene Standarddauer ist, um tiefgreifende und dauerhafte Veränderungen der psychologischen Mechanismen zu beobachten, die Ihre Angst aufrechterhalten. Wir werden Ihre dysfunktionalen Denkmuster, automatischen Stressreaktionen und Vermeidungsstrategien buchstäblich umprogrammieren.

Im Laufe dieses Kurses mit wöchentlichem Follow-up werden Sie nach und nach mehr Rückblick auf Ihre Symptome gewinnen, Ihre Bewältigungsfähigkeiten vervielfachen und neue konstruktive mentale und verhaltensbezogene Einstellungen annehmen. Bis Sie Ihr Selbstvertrauen zurückgewinnen und das erfüllte Leben führen können, das Ihnen die Arme ausstreckt.

Detailliertes Programm Woche für Woche.

Bevor Sie beginnen, stellen Sie sicher, dass der Zeitpunkt in Ihrem persönlichen Leben richtig gewählt ist, um sich voll und ganz diesem anspruchsvollen, aber sinnstiftenden Schritt zu widmen. Rüsten Sie sich auch mit einem Logbuch aus, um Ihre Gedanken, Emotionen, Übungen und Fortschritte während dieser 12 Wochen zu notieren. Dies wird Ihnen helfen, Ihre Errungenschaften zu maximieren.

Wichtig:

Ich möchte darauf hinweisen, dass in den vorangegangenen Kapiteln dieses Buches eine solide Grundlage gelegt wurde. Die Konzepte, Strategien und Techniken, die wir in den kommenden Wochen erforschen werden, wurden alle auf den vorherigen Seiten ausführlich erläutert und detailliert beschrieben.

Jedes Kapitel, jeder Abschnitt und jede Übung wurde entwickelt, um Sie auf diesen Moment vorzubereiten. Sie haben gelernt, negative Denkmuster zu erkennen, kognitive Verzerrungen in Frage zu stellen, Achtsamkeit zu üben, angenehme Aktivitäten zu planen und vieles mehr. Diese Werkzeuge bilden das Fundament, auf dem Ihr therapeutischer Weg ruhen wird. Während wir gemeinsam durch diese Wochen intensiver Arbeit und persönlicher Erkundung voranschreiten, ermutige ich Sie, regelmäßig auf die vorherigen Kapitel zurückzugreifen, um Ihr Verständnis und Ihre Beherrschung der KVT-Techniken zu stärken. Jede Revision ermöglicht es Ihnen, Ihre Errungenschaften zu konsolidieren und sich besser auf die kommenden Herausforderungen vorzubereiten.

Denken Sie daran, dass Ihr Engagement für diesen Prozess entscheidend ist, um das Beste daraus zu machen. Nehmen Sie sich die Zeit, in jedes Kapitel einzutauchen, die vorgeschlagenen Übungen aktiv zu praktizieren und diese Strategien in Ihren Alltag zu integrieren. Gemeinsam sind wir auf dem Weg zu Heilung und emotionalem Wohlbefinden. Ich bin zuversichtlich, dass Sie mit Ihrer Hingabe und Ausdauer die Herausforderungen von Angst und Stress meistern und ein ausgeglicheneres und erfüllteres Leben erreichen können.

Mit all meiner Unterstützung,

Woche 1: Einführung.

Zu Beginn Ihres 12-wöchigen Kurses ist es wichtig, eine zuverlässige Bestandsaufnahme Ihrer Angststörungen zu erstellen. Wir beginnen daher mit einer detaillierten Bewertung Ihrer Symptome, um die Verwirrung zu zerstreuen, die Hauptprobleme anzugehen und die Überwachung des Fortschritts zu ermöglichen. Zu diesem Zweck schlage ich Ihnen vor, standardisierte klinische Fragebögen auszufüllen, die die typischen Manifestationen von Angststörungen, ihre Intensität und ihre Auswirkungen auf Ihr tägliches Leben untersuchen. Dies wird uns Aufschluss über mögliche Diagnosen nach offiziellen Kriterien geben.

NB: die Fragebögen in Kapitel 3, Abschnitt: Inventare und Skalen zur Selbsteinschätzung.

Ergänzend lade ich Sie ein, ab sofort ein Logbuch zu führen. Dieser wird in den nächsten 12 Wochen ein wertvoller Verbündeter sein. Nehmen Sie sich täglich Zeit, um die Umstände Ihrer Ängste, ihre Auslöser, die damit verbundenen Empfindungen, Gedanken oder Verhaltensweisen aufzuschreiben. Diese Introspektion erleichtert das Bewusstsein und die Lösung problematischer mentaler Muster. Auf Basis dieser Analysen definieren wir dann gemeinsam Ihre individuellen Ziele für die Therapie konkret und realistisch. Auf diese Weise können wir den Inhalt der Sitzungen an Ihre spezifischen Bedürfnisse anpassen und Ihren Fortschritt bewerten. Schließlich lernen Sie auch einige leicht anwendbare Atem- und Entspannungstechniken kennen, um die somatischen Manifestationen der Angst zu lindern, wenn sie auftreten.

Dank dieser Vorarbeit der Beobachtung und Definition von Absichten verfügen Sie über ein solides Fundament, um Ihren kognitiven und verhaltensbezogenen Wiederaufbau in Ruhe zu beginnen!

Woche 2: Kognitive Umstrukturierung

Diese Woche werden wir die Kraft der kognitiven Umstrukturierung erforschen, um Ihre negativen Gedanken zu ändern und Ihr Angstniveau zu reduzieren.

1. Identifizieren Sie Ihre negativen automatischen Gedanken: Nehmen Sie sich einen Moment Zeit, um Ihre täglichen Gedanken zu beobachten. Merken Sie wiederkehrende Denkmuster, die mit Angst- oder Stressgefühlen verbunden sind? Diese automatischen Gedanken können negative Vorstellungen über dich selbst, andere oder die Welt um dich herum sein. Notieren Sie sich diese Gedanken und versuchen Sie, sie zu identifizieren, wenn Sie ihnen begegnen.

2. Deine kognitiven Verzerrungen hinterfragen: Sobald du deine negativen automatischen Gedanken erkannt hast, ist es an der Zeit, sie genauer zu untersuchen. Beantworte daher folgende Fragen:
> Basiert dieser Gedanke auf wahren Begebenheiten?
> Gibt es objektive Beweise, die diesen Gedanken unterstützen?
> Gibt es andere Möglichkeiten, die Situation zu sehen?
> Welchen Einfluss hat dieser Gedanke auf Ihre Stimmung und Ihr Verhalten?

Indem Sie Ihre automatischen Gedanken in Frage stellen, werden Sie die kognitiven Verzerrungen entdecken, die Ihre Angst verstärken können. Identifizieren Sie die häufigsten Verzerrungen wie übermäßige Verallgemeinerung, Alles-oder-Nichts-Denken, Katastrophenmentalität usw.

3. Nuancieren Sie Ihre Interpretationen: Nachdem Sie nun begonnen haben, Ihre automatischen Gedanken in Frage zu stellen und kognitive Verzerrungen zu erkennen, ist es an der Zeit, Ihre Interpretationen der Ereignisse zu nuancieren. Anstatt zu voreiligen Schlussfolgerungen zu springen oder die Dinge binär zu sehen, versuchen Sie, eine nuanciertere Perspektive einzunehmen.

Frage dich:
- Gibt es andere mögliche Erklärungen für diese Situation?
- Welche konkreten Fakten liegen mir vor und welche Interpretationen ziehe ich daraus?
- Wie könnte ich diese Situation anders sehen, wenn ich eine ausgewogenere Perspektive einnehme?

Indem Sie Ihre Interpretationen nuancieren, können Sie die Intensität Ihrer negativen Gedanken reduzieren und sich für positivere und realistischere Perspektiven öffnen.
Üben Sie die ganze Woche über, Ihre negativen automatischen Gedanken zu identifizieren und in Frage zu stellen. Seien Sie geduldig mit sich selbst, denn dieser Prozess kann Zeit in Anspruch nehmen. Denken Sie daran, dass Sie wichtige Fähigkeiten entwickeln, um Ihre Angst und Ihren Stress effektiver zu bewältigen.

Woche 3: Kognitive Umstrukturierung.

Diese dritte Woche markiert einen neuen Schritt in der Umstrukturierung Ihrer Denkmuster. Nachdem Sie Ihre kognitiven Verzerrungen identifiziert und begonnen haben, Ihre automatischen Interpretationen in Frage zu stellen, ist es nun das Ziel, sie weiter zu objektivieren. Zu diesem Zweck werden Sie, wenn Ihnen ein angstauslösender Gedanke oder eine aufdringliche Sorge in den Sinn kommt, üben, methodisch nach objektiven Beweisen zu suchen, die ihn bestätigen oder widerlegen würden. Auch wenn dies zunächst einige Anstrengungen erfordert, ist diese Gewohnheit entscheidend, um den Teufelskreis des kontraproduktiven Wiederkäuens zu umgehen.

Notieren Sie in Ihrem Tagebuch die gefundenen Vor- und Nachteile für jeden negativen Gedanken. Untersuchen Sie sie lose. Oft werden Sie feststellen, dass Ihre Ängste keine wirkliche Grundlage haben. So beginnen Sie, von sich aus ausgewogenere und realistischere alternative Interpretationen der Situation zu formulieren. Diese Übung bleibt angesichts Ihrer hartnäckigsten Sorgen um Ihre Gesundheit, Ihre Beziehungen oder Ihre Arbeit unerlässlich. Anstatt sie als bewiesene Tatsachen zu betrachten, betrachten Sie sie als bloße unbestätigte Hypothesen. Sie werden feststellen, dass es viele andere Szenarien gibt, die weit weniger angstauslösend sind als die, die sich Ihr ängstlicher Geist vorstellt.

Durch regelmäßiges Üben wird die kognitive Umstrukturierung schnell zur zweiten Natur, die Sie vor dem Auslösen Ihrer Ängste schützt. Schritt für Schritt übernehmen Sie wieder die Kontrolle über Ihr geistiges Leben und finden Ruhe!

Woche 4: Graduierte Ausstellungen 1.

Diese Woche werden wir abgestufte Belichtungstechniken erforschen, eine leistungsstarke Methode, um Ängste und Ängste schrittweise zu überwinden.

1. Erstellen Sie eine Hierarchie von Angstsituationen: Nehmen Sie sich Zeit, um über Situationen nachzudenken, die Ihnen Angst und Stress bereiten. Dies können soziale Situationen, spezifische Phobien, Leistungssituationen oder sogar aufdringliche Gedanken sein. Ordnen Sie diese Situationen in der Reihenfolge ihres Schweregrads, beginnend mit denen, die Ihnen am wenigsten Angst bereiten, und endend mit denen, die Ihnen am gefährlichsten erscheinen. Diese Hierarchie dient Ihnen als Leitfaden für die Planung Ihrer abgestuften Expositionsübungen, beginnend mit den weniger angstauslösenden Situationen und fortschreitend zu den am meisten angstauslösenden Situationen.

2. Setzen Sie sich der am wenigsten beängstigenden Situation aus: Wählen Sie die erste Situation in Ihrer Hierarchie, die Ihnen am wenigsten beängstigend erscheint. Verpflichten Sie sich, sich dieser Situation für einen bestimmten Zeitraum freiwillig auszusetzen. Wenn es zum Beispiel darum geht, mit einem Fremden zu sprechen, könntest du dich für ein kurzes Gespräch mit einem Verkäufer in einem Geschäft entscheiden. Versuchen Sie während dieser Exposition, offen für Angstgefühle zu bleiben, die auftreten können. Denken Sie daran, dass das Ziel nicht darin besteht, Angstzustände vollständig zu beseitigen, sondern vielmehr zu lernen, sie zu tolerieren und effektiv damit umzugehen.

3. In der Situation bleiben, ohne einen Ausweg zu nutzen: Sobald Sie sich der Situation ausgesetzt haben, verpflichten Sie sich, dort zu bleiben, ohne einen Ausweg zu suchen. Vermeiden Sie Vermeidungs- oder Sicherheitsverhalten, das Ihre Angst vorübergehend verringern, aber später Ihre Ängste verstärken könnte. Gönnen Sie sich die Möglichkeit, Ihre Emotionen voll und ganz zu spüren und zu erkennen, dass sie, auch wenn sie unangenehm sind, erträglich und vorübergehend sind. Verwenden Sie bei Bedarf Atem- oder Entspannungstechniken, die Ihnen helfen, ruhig und zentriert zu bleiben.

Wiederholen Sie diese graduierte Belichtungsübung an jedem Wochentag und wählen Sie jedes Mal eine neue Situation aus Ihrer Hierarchie. Notieren Sie sich die Empfindungen, Gedanken und Emotionen, die Sie während und nach jeder Exposition fühlen, und beobachten Sie alle Veränderungen in Ihrer Reaktion auf Angst im Laufe der Zeit.

Denken Sie daran, dass die regelmäßige Ausübung der abgestuften Exposition dazu beitragen kann, Ihre Angst allmählich zu reduzieren und Ihnen zu helfen, ein Gefühl der Kontrolle über Ihr Leben wiederzuerlangen. Seien Sie geduldig mit sich selbst und setzen Sie diesen Prozess mutig und entschlossen fort.

Woche 5: Graduierte Ausstellungen 2.

Diese Woche werden wir die abgestuften Belichtungstechniken weiter erforschen, indem wir den Schwierigkeitsgrad schrittweise erhöhen und Ihre Anpassungsfähigkeit stärken.

1. Den Schwierigkeitsgrad schrittweise erhöhen: Nachdem Sie nun in der Vorwoche Erfahrungen mit der abgestuften Exposition gesammelt haben, ist es an der Zeit, den Schwierigkeitsgrad der Situationen, denen Sie sich aussetzen, schrittweise zu erhöhen. Beziehen Sie sich auf Ihre Hierarchie der Angstsituationen, die Sie in der Vorwoche festgelegt haben, und wählen Sie eine Situation, die etwas angstauslösender ist als die, mit der Sie zuvor konfrontiert waren. Verpflichten Sie sich, sich dieser neuen Situation für einen bestimmten

Zeitraum auszusetzen, indem Sie die gleichen Techniken wie zuvor anwenden, um die möglicherweise auftretende Angst zu tolerieren und zu bewältigen.

2. Üben Sie die Akzeptanz Ihrer körperlichen Empfindungen: Konzentrieren Sie sich während Ihrer abgestuften Expositionsübungen auf die Praxis der Akzeptanz Ihrer körperlichen Empfindungen. Achte auf die Reaktionen deines Körpers auf Angstzustände, wie beschleunigter Herzschlag, schnelles Atmen oder Muskelverspannungen. Anstatt diese Empfindungen zu bekämpfen oder als gefährlich zu betrachten, versuchen Sie, sie einfach als natürliche Reaktionen Ihres Körpers auf Stress zu akzeptieren.

Üben Sie Atem- oder Entspannungstechniken, um Ihre Ruhe und Ihr Gleichgewicht während der Exposition aufrechtzuerhalten und unangenehme körperliche Empfindungen zu akzeptieren, ohne zu versuchen, sie zu vermeiden oder zu unterdrücken.

3. Stärken Sie Ihre Bewältigungsfähigkeiten: Jedes Mal, wenn Sie sich einer neuen angstauslösenden Situation aussetzen, stärken Sie Ihre Fähigkeit, sich anzupassen und effektiv mit Angst umzugehen. Denken Sie daran, dass jedes abgestufte Ausstellungserlebnis eine Gelegenheit zum Lernen und Wachsen ist, auch wenn es im Moment unangenehm sein kann.

Nehmen Sie sich nach jeder Expositionsübung Zeit, um darüber nachzudenken, was Sie gelernt haben und welche Strategien bei der Bewältigung Ihrer Angst wirksam waren. Feiern Sie Ihre Erfolge, auch die kleinsten, und seien Sie stolz auf Ihren Mut und Ihre Entschlossenheit, sich Ihren Ängsten zu stellen.

Üben Sie die abgestufte Exposition während der Woche weiter und erhöhen Sie allmählich den Schwierigkeitsgrad der Situationen, denen Sie sich aussetzen. Denke daran, dass der Weg zur Heilung schrittweise sein kann, aber jeder Schritt, den du unternimmst, bringt dich deinem Ziel, Angst und Stress zu überwinden, einen Schritt näher.

Woche 6: Loslassen.

Nach mehreren Wochen aktiver Arbeit an Ihren Gedanken und Verhaltensweisen ist es an der Zeit, sich mit Loslassen-Techniken eine Auszeit zu gönnen. der Zweck Raus aus der automatischen geistigen Unruhe, um Ihre Emotionen wohlwollend anzunehmen und innere Gelassenheit zu kultivieren.

In dieser Woche werden wir Techniken zur Kultivierung von Loslassen und Achtsamkeit erforschen, Fähigkeiten, die für den effektiven Umgang mit negativen Gedanken und schwierigen Emotionen unerlässlich sind.

1. Achtsamkeit üben: Bei Achtsamkeit geht es darum, vollständig präsent zu sein und sich des gegenwärtigen Moments bewusst zu sein, ohne zu urteilen. Diese Praxis kann Ihnen helfen, einen Zustand der Ruhe und Gelassenheit zu kultivieren, auch in Gegenwart von störenden Gedanken oder Emotionen. Probieren Sie Achtsamkeitsübungen wie Körper-Sweep, Sitzmeditation oder bewusstes Gehen aus. Konzentrieren Sie sich bei diesen Übungen auf die körperlichen Empfindungen Ihres Körpers, auf Ihre Atmung oder auf Umweltreize und lassen Sie die Gedanken durchgehen, ohne sie zu beurteilen oder festzuhalten. Achtsamkeit kann dir helfen, dich von negativen Gedanken zu lösen und dich wieder auf den gegenwärtigen Moment zu konzentrieren.

2. Relativieren Sie die Auswirkungen Ihrer negativen Gedanken: Seien Sie sich bewusst, dass negative Gedanken Ihre Realität nicht definieren und nur Produkte Ihres Geistes sind. Lerne, von diesen Gedanken Abstand zu nehmen und sie objektiv zu beobachten, ohne dich damit zu identifizieren. Denken Sie daran, dass Gedanken nur mentale Ereignisse sind und nicht unbedingt wahr oder bedeutsam sind. Üben Sie emotionale Loslösung, indem Sie eine breitere Perspektive einnehmen und die Auswirkungen Ihrer negativen Gedanken auf Ihr Leben relativieren. Je mehr du deine Gedanken aus der Ferne beobachten kannst, desto mehr wirst du in der Lage sein, ihre Macht über dich zu reduzieren.

3. Akzeptieren Sie Ihre Emotionen, ohne darauf zu reagieren: Lernen Sie, Ihre Emotionen, ob positiv oder negativ, zu akzeptieren, ohne zu versuchen, sie zu beurteilen oder zu unterdrücken. Emotionen sind wichtige Signale deiner inneren Erfahrung und sie zu unterdrücken kann oft Angst- und Stressgefühle verschlimmern.

Üben Sie die volle Akzeptanz Ihrer Emotionen, indem Sie sie erkennen, benennen und ihnen erlauben, sich frei durch Sie zu bewegen, ohne zu versuchen, sie zu ändern oder zu kontrollieren. Sie werden vielleicht feststellen, dass es weniger überwältigend und leichter zu handhaben ist, wenn Sie Ihre Emotionen nur mit Wohlwollen aufnehmen. Verpflichten Sie sich, Achtsamkeit zu üben, die Auswirkungen Ihrer negativen Gedanken zu relativieren und Ihre Emotionen zu akzeptieren, ohne während der Woche darauf zu reagieren. Diese Fähigkeiten können Ihnen helfen, eine gesündere Beziehung zu Ihren Gedanken und Emotionen aufzubauen, sodass Sie sich leichter durch die Herausforderungen des Lebens navigieren können.

Woche 7: Verhaltensaktivierung

Diese Woche werden wir uns auf die Verhaltensaktivierung konzentrieren, ein Ansatz, der darauf abzielt, Ihnen zu helfen, die Kontrolle über Ihr Leben zurückzugewinnen, indem Sie sich an positiven und lohnenden Aktivitäten beteiligen.

1. Planen Sie angenehme und lohnende Aktivitäten:
Nehmen Sie sich die Zeit, eine Liste von Aktivitäten zu erstellen, die Ihnen Freude und Wohlbefinden bereiten. Diese Aktivitäten können einfach sein, wie einen Spaziergang in der Natur zu machen, ein Buch zu lesen, eine Mahlzeit zu kochen, die Sie lieben, oder Zeit mit Verwandten zu verbringen. Wichtig ist, Aktivitäten zu wählen, die Ihnen ein Gefühl der Zufriedenheit und Freude vermitteln. Planen Sie jeden Tag mindestens eine angenehme Aktivität und integrieren Sie diese in Ihren Zeitplan. Auch wenn du dich ängstlich oder depressiv fühlst, versuche dich an dieser Aktivität zu beteiligen und merke, wie sie deine Stimmung und dein Wohlbefinden positiv beeinflussen kann.

2. Fragmentieren Sie Aufgaben, die Ihnen schwierig erscheinen: Wenn Sie mit Aufgaben oder Verantwortlichkeiten konfrontiert sind, die überwältigend oder unüberwindbar erscheinen, teilen Sie sie in kleinere und überschaubarere Schritte auf. Dieser Ansatz ermöglicht es Ihnen, sich jeweils nur auf einen Schritt zu konzentrieren, was die Gesamtaufgabe weniger einschüchternd macht. Beginnen Sie damit, den ersten Schritt der Aufgabe zu identifizieren und konzentrieren Sie sich nur darauf. Sobald dieser Schritt abgeschlossen ist, fahren Sie mit dem nächsten fort und so weiter. Durch die Fragmentierung von Aufgaben erhöhst du deine Erfolgschancen und reduzierst dein Stresslevel.

3. Geeignete Ruhezeiten einplanen: Es ist wichtig, Ruhe- und Entspannungszeiten in Ihrem vollen Terminkalender einzuplanen. Gönnen Sie sich regelmässige Pausen, um sich auszuruhen und neue Energie zu tanken, vor allem nach schwierigen oder stressigen Aufgaben.
Nutzen Sie diese Erholungsmomente, um Entspannungstechniken wie tiefes Atmen, Meditation zu üben oder einfach um sich zu entspannen und neue Energie zu tanken.

Hören Sie auf die Bedürfnisse Ihres Körpers und Geistes und geben Sie sich die Erlaubnis, sich Zeit für sich selbst zu nehmen. Indem du angenehme Aktivitäten planst, Aufgaben fragmentierst und angemessene Ruhezeiten einplanst, kannst du ein gesundes Gleichgewicht zwischen Aktivität und Ruhe in deinem Alltag fördern. Diese Strategien können Ihnen helfen, Ihre Angst und Ihren Stress effektiver zu bewältigen und gleichzeitig Ihr allgemeines Wohlbefinden zu fördern. Setzen Sie sich die ganze Woche über mit diesen Praktiken auseinander und beobachten Sie die Vorteile, die sie Ihrem Leben bringen.

Woche 8: Balance zwischen Verantwortung und Entspannung.

Diese Woche werden wir uns auf das Gleichgewicht zwischen Verantwortung und Entspannung konzentrieren und Strategien zur Neuordnung Ihrer Prioritäten und zur Förderung einer besseren Balance in Ihrem täglichen Leben annehmen.

1. Reorganisieren Sie Ihre Prioritäten: Treten Sie einen Schritt zurück, um Ihre aktuellen Verantwortlichkeiten und Verpflichtungen zu bewerten. Identifizieren Sie Aufgaben und Aktivitäten, die für Ihr Wohlbefinden und Ihre Entwicklung entscheidend sind, sowie solche, die möglicherweise weniger wichtig sind oder weniger Aufmerksamkeit erfordern. Konzentriere dich bei der Neuordnung deiner Prioritäten auf das, was dir wirklich wichtig ist und was zu deiner Lebensqualität beiträgt. Ordnen Sie Ihre Aufgaben nach Wichtigkeit und widmen Sie mehr Zeit und Energie den Aktivitäten, die Ihnen am meisten Zufriedenheit und Erfüllung bringen.

2. Bestimmte Aufgaben nach Möglichkeit delegieren: Zögern Sie nicht, bestimmte Aufgaben oder Verantwortlichkeiten nach Möglichkeit an andere Personen zu delegieren. Ob bei der Arbeit, zu Hause oder in anderen Lebensbereichen, es kann von Vorteil sein, die Last mit anderen zu teilen und sich von der Last der Verantwortung zu befreien. Identifizieren Sie Aufgaben, die andere genauso gut oder besser erledigen könnten als Sie, und delegieren Sie diese entsprechend. Dies kann dir helfen, dich auf die wichtigsten Aspekte deines Lebens zu konzentrieren und deinen arbeitsbedingten Stress zu reduzieren.

3. Abwechselnde Arbeits- und Freizeitzeiten: Üben Sie den Wechsel zwischen Arbeits- und Entspannungszeiten, um eine bessere Balance in Ihrem Alltag zu fördern. Planen Sie Arbeits- oder Verantwortungszeiten ein, gefolgt von Ruhe- und Freizeitzeiten, in denen Sie sich entspannen und neue Energie tanken können.

Konzentrieren Sie sich bei der Arbeit voll und ganz auf die anstehende Aufgabe, vermeiden Sie Ablenkungen und nutzen Sie Zeitmanagementtechniken, um Ihre Effizienz zu maximieren. Gönnen Sie sich danach regelmässige Pausen, um sich zu entspannen, eine Pause einzulegen und neue Energie zu tanken.

Indem du Verantwortung und Entspannung in Einklang bringst, kannst du deinen Stress reduzieren und dein allgemeines Wohlbefinden verbessern. Setzen Sie Ihre Prioritäten weiter um, delegieren Sie bei Bedarf bestimmte Aufgaben und wechseln Sie die Arbeits- und Freizeitzeiten während der Woche ab. Beobachten Sie die positiven Auswirkungen, die diese Veränderungen auf Ihre geistige und emotionale Gesundheit haben können, und passen Sie Ihren Zeitplan entsprechend an, um dieses Gleichgewicht langfristig aufrechtzuerhalten.

Woche 9: Kommunikation und soziale Beziehungen

Diese Woche werden wir uns auf die Bedeutung von Kommunikation und sozialen Beziehungen im Umgang mit Angst und Stress konzentrieren.

1. Konstruktives Durchsetzungsvermögen: Üben Sie Durchsetzungsvermögen, indem Sie Ihre Bedürfnisse, Meinungen und Grenzen klar, direkt und respektvoll zum Ausdruck bringen. Lerne „Nein" zu sagen, wenn du überlastet bist oder keine zusätzliche Verantwortung übernehmen kannst, und deine Gedanken und Gefühle offen und ehrlich auszudrücken. Achte auf deine Körpersprache und deinen Tonfall, indem du eine offene Haltung einnimmst und einen ruhigen, durchsetzungsfähigen Tonfall verwendest. Durchsetzungsvermögen kann dir helfen, gesunde Grenzen in deinen Beziehungen zu setzen und deinen Stress durch soziale Interaktionen zu reduzieren.

2. Empathie in Ihren Beziehungen kultivieren: Üben Sie Empathie, indem Sie sich in andere hineinversetzen und versuchen, ihre Gefühle und Perspektiven zu verstehen. Hören Sie aktiv zu, wenn andere mit Ihnen sprechen, achten Sie auf ihre Worte,

Körpersprache und zugrunde liegenden Emotionen. Achte auf die Bedürfnisse und Anliegen anderer und biete bei Bedarf Unterstützung und Verständnis an. Die Pflege von Empathie in Ihren Beziehungen kann Ihre Bindung zu anderen stärken und ein Gefühl der Verbundenheit und Zugehörigkeit fördern.

3. Bei Bedarf um Hilfe bitten: Erkenne, wann du Hilfe brauchst und zögere nicht, bei Bedarf um Unterstützung zu bitten. Ob es um die Bewältigung von Ängsten, die Überwindung persönlicher Schwierigkeiten oder die Lösung von Beziehungsproblemen geht, es ist wichtig zu wissen, wann man Hilfe sucht und keine Angst davor zu haben. Sprechen Sie mit einem vertrauenswürdigen Freund, Familienmitglied, Psychiater oder einer anderen Person in Ihrem Unterstützungsnetzwerk. Wenn Sie Ihre Sorgen mit anderen teilen, können Sie sich weniger allein fühlen und effektive Lösungen für Ihre Probleme finden.

Indem Sie Selbstbehauptung üben, Empathie in Ihren Beziehungen kultivieren und bei Bedarf um Hilfe bitten, können Sie Ihre Kommunikations- und sozialen Beziehungsfähigkeiten stärken, was dazu beitragen kann, Angstzustände und Stress abzubauen. Üben Sie diese Fähigkeiten die ganze Woche über weiter und beobachten Sie Verbesserungen in Ihren Interaktionen mit anderen und in Ihrem allgemeinen Wohlbefinden.

Woche 10: Rückfallprävention

Diese Woche werden wir uns auf die Prävention von Rückfällen konzentrieren, indem wir Strategien annehmen, um Risikosituationen zu antizipieren, realistische Ziele zu setzen und die erlernten KVT-Techniken beizubehalten.

1. Risikosituationen antizipieren: Nehmen Sie sich Zeit, um Situationen, Umgebungen oder Auslöser zu identifizieren, die Ihr Angst- oder Stressniveau erhöhen könnten. Ob schwierige soziale Situationen, zwischenmenschliche Konflikte, wichtige Lebensübergänge oder wiederkehrende negative Gedanken, seien Sie sich der Faktoren bewusst, die Sie in Schwierigkeiten bringen könnten. Indem du diese Risikosituationen antizipierst, kannst du dich besser darauf vorbereiten und entsprechende Bewältigungsstrategien entwickeln. Achten Sie auf frühe Anzeichen von Stress und Angstzuständen und handeln Sie schnell, um effektiv mit ihnen umzugehen.

2. Sich realistische Ziele setzen: Setzen Sie sich realistische und erreichbare Ziele für sich selbst, unter Berücksichtigung Ihrer Fähigkeiten, Ressourcen und Lebensumstände. Ob Ziele im Zusammenhang mit Ihrer Arbeit, Ihren Beziehungen, Ihrer psychischen Gesundheit oder anderen Bereichen Ihres Lebens, stellen Sie sicher, dass sie spezifisch, messbar, erreichbar, relevant und zeitlich begrenzt sind (Smart).

Indem Sie sich realistische Ziele setzen, können Sie Ihre Motivation und Ihr Engagement für Maßnahmen zur Verbesserung Ihres allgemeinen Wohlbefindens stärken. Feiern Sie Ihre Fortschritte und Erfolge, auch die kleinsten, und seien Sie nett zu sich selbst, wenn Sie unterwegs auf Hindernisse stoßen.

3. Einige erlernte KVT-Techniken beibehalten:Üben und pflegen Sie weiterhin die KVT-Techniken, die Sie während Ihrer Selbsttherapie erlernt haben. Ob kognitive Umstrukturierung, graduierte Exposition, Achtsamkeit oder andere Strategien, integrieren Sie sie in Ihre tägliche Routine, um Ihre Fähigkeiten im Umgang mit Stress und Angstzuständen zu stärken.

Denken Sie daran, dass Rückfallprävention ein kontinuierlicher Prozess ist und ein ständiges Engagement für Ihre psychische Gesundheit und Ihr Wohlbefinden erfordert. Seien Sie proaktiv im Umgang mit Angst und Stress und nutzen Sie die Werkzeuge und Techniken, die Sie gelernt haben, um erfolgreich durch die Herausforderungen des Lebens zu navigieren. Beteiligen Sie sich während der Woche und darüber hinaus weiterhin an diesem Prozess und geben Sie Ihr Bestes, um auf sich selbst aufzupassen und Ihr emotionales Gleichgewicht aufrechtzuerhalten.

Woche 11: Bilanz.

Diese Woche ist die perfekte Gelegenheit, eine Bilanz Ihrer Fortschritte zu ziehen, Ihre Strategien bei Bedarf anzupassen und Ihre Erfolge zu feiern!

1. Messen Sie Ihren Fortschritt in Bezug auf Ihre Ziele: Nehmen Sie sich einen Moment Zeit, um Ihren Fortschritt seit Beginn Ihres Kurses zu bewerten. Denke über deine ursprünglichen Ziele nach und wie du ihnen näher gekommen bist. Verwenden Sie Tracking-Tools wie ein Logbuch, Fragebögen zur Selbsteinschätzung oder Messskalen, um Ihre Verbesserungen zu quantifizieren. Identifizieren Sie Bereiche, in denen Sie signifikante Fortschritte gemacht haben und in denen Sie möglicherweise noch arbeiten müssen. Sei ehrlich zu dir selbst in deiner Einschätzung, aber auch dankbar für die Fortschritte, die du bisher gemacht hast.

2. Passen Sie Ihre Strategien bei Bedarf an: Identifizieren Sie anhand Ihrer Bewertung, welche Strategien für Sie am effektivsten waren und welche möglicherweise Anpassungen erfordern. Wenn bestimmte KVT-Techniken für Sie gut funktioniert haben, üben Sie sie weiterhin regelmäßig. Wenn Sie jedoch mit bestimmten Strategien auf Hindernisse oder Schwierigkeiten gestoßen sind, seien Sie offen, neue Ansätze zu erforschen oder Ihren Ansatz zu ändern.

Konsultieren Sie zusätzliche Ressourcen, sprechen Sie mit einem Fachmann für psychische Gesundheit oder lassen Sie sich von Personen in Ihrem Umfeld beraten, wie Sie Ihre Strategien anpassen können. Denken Sie daran, dass Anpassungsfähigkeit eine wichtige Fähigkeit im Umgang mit Angst und Stress ist, und seien Sie bereit, neue Wege zu erkunden, um herauszufinden, was für Sie am besten funktioniert.

3. Feiern Sie Ihre Erfolge! Nehmen Sie sich Zeit, um Ihre Erfolge zu feiern, egal wie klein sie auch sein mögen. Das Erkennen und Feiern Ihres Fortschritts ist entscheidend, um Ihre Motivation, Ihr Selbstwertgefühl und Ihr Engagement für Ihre Selbsttherapie zu stärken. Feiern Sie jeden erreichten Meilenstein, jedes erreichte Ziel und jeden Moment des Sieges, unabhängig von seiner Größe.

Feiern Sie Ihre Erfolge auf eine Weise, die Ihnen sinnvoll erscheint, sei es, indem Sie sich innerlich gratulieren, Ihre Leistungen mit Angehörigen teilen, Ihnen eine besondere Belohnung anbieten oder sich einfach die Zeit nehmen, das Gefühl von Stolz und Erfüllung zu genießen. Du hast hart gearbeitet, um dorthin zu gelangen, wo du bist, also vergiss nicht, deinen Werdegang und alles, was du bisher erreicht hast, zu feiern.

Nutzen Sie diese Woche weiterhin, um über Ihren Werdegang nachzudenken, Ihre Strategien nach Bedarf anzupassen und Ihre Erfolge zu feiern. Du bist auf dem richtigen Weg, um deine Angst und deinen Stress zu überwinden, und jeder kleine Schritt, den du machst, bringt dich deinem Ziel des emotionalen Wohlbefindens und des inneren Friedens einen Schritt näher.

Woche 12: Fazit

Herzlichen Glückwunsch zum Erreichen der letzten Woche Ihrer Selbsttherapie zur Überwindung von Angst und Stress durch kognitive Verhaltenstherapie (KVT). Diese Woche ist der Abschluss Ihrer Reise, aber auch der Beginn einer neuen Lebensphase, in der Sie besser gerüstet sind, Herausforderungen selbstbewusst und belastbar zu meistern. Hier sind einige Punkte, die Sie beachten sollten, um Ihren Weg nachdenklich und konstruktiv zu beenden:

➢ **Bilanz ziehen:** Nehmen Sie sich Zeit, um Bilanz zu ziehen über alles, was Sie in den letzten Wochen gelernt und erreicht haben. Denken Sie darüber nach, welche Fähigkeiten Sie erworben haben, welche Strategien für Sie am effektivsten waren und welche positiven Veränderungen Sie in Ihrem täglichen Leben bemerkt haben. Identifizieren Sie die Fortschritte, die Sie gemacht haben, ob es darum geht, Ihre Angstzustände zu reduzieren, Ihre sozialen Beziehungen zu verbessern oder Ihre Emotionen besser zu managen. Seien Sie sich der Ressourcen bewusst, die Sie entwickelt haben, um den Schwierigkeiten zu begegnen, und seien Sie dankbar für die Lehren, die Sie aus diesem Kurs gezogen haben.

➢ **Nützliche Übungen weiter in die Praxis umsetzen:** Auch wenn Ihr Selbsttherapieweg zu Ende geht, bedeutet das nicht, dass Sie die erlernten Techniken und Strategien aufgeben müssen. Übe weiterhin die Übungen, die dir am meisten geholfen haben, sei es tiefes Atmen, Achtsamkeitsmeditation, kognitive Umstrukturierung oder andere Stressbewältigungstechniken. Integrieren Sie diese Praktiken in Ihren Alltag und passen Sie sie an Ihre Bedürfnisse und Ihren Lebensstil an. Denken Sie daran, dass regelmäßiges Üben unerlässlich ist, um Ihre Errungenschaften zu erhalten und Ihre Fähigkeiten im Umgang mit Angstzuständen und Stress zu stärken.

➢ **Sich selbst zu seinen Bemühungen gratulieren:** Nehmen Sie sich abschließend einen Moment Zeit, um sich selbst zu Ihren Bemühungen und Ihrem Engagement für Ihre psychische Gesundheit und Ihr Wohlbefinden zu gratulieren. Sie haben einen tollen Job gemacht, indem Sie sich auf diesen Weg der Selbsttherapie begeben, neue Fähigkeiten erforschen und sich mutig und entschlossen Ihren Herausforderungen stellen.

➢ Erkenne deine Erfolge an, so klein sie auch sein mögen, und sei stolz auf alles, was du bisher erreicht hast. Sie haben Zeit und Energie in Ihre persönliche Entwicklung investiert, und das ist es wert, gefeiert zu werden.

Denken Sie abschließend daran, dass die Heilung von Angst und Stress ein kontinuierlicher und evolutionärer Prozess ist. Engagieren Sie sich weiterhin für Ihr eigenes Wachstum und suchen Sie die Unterstützung, die Sie benötigen, um Ihr emotionales Wohlbefinden aufrechtzuerhalten. Sie haben die Werkzeuge und Ressourcen, um die vor Ihnen liegenden Herausforderungen zu meistern, also gehen Sie zuversichtlich und optimistisch in Richtung einer ruhigeren, glücklicheren und erfüllteren Zukunft. Sie sind auf dem richtigen Weg und ich wünsche Ihnen viel Erfolg bei Ihren weiteren Bemühungen.

Zusammenfassende Übungen.

Hier ist eine Zusammenfassung der 12-Wochen-Übungen zur Überwindung von Angst und Stress durch kognitive Verhaltenstherapie (KVT):

Woche 1: Einführung

- Füllen Sie Fragebögen aus, um Ihre Symptome zu verstehen.
- Führen Sie ein Tagebuch, um Ihre Gedanken und Emotionen zu verfolgen.

Woche 2: Kognitive Restrukturierung 1

- Identifizieren Sie Ihre negativen automatischen Gedanken.
- Stellen Sie Ihre kognitiven Verzerrungen in Frage.
- Nuancieren Sie Ihre Interpretationen, indem Sie die Beweise für und gegen prüfen.

Woche 3: Kognitive Umstrukturierung 2

- Suche nach objektiven Beweisen für oder gegen deine Gedanken.
- Realistischere Alternativgedanken formulieren.
- Üben Sie diese Umstrukturierung auf Ihre Bedenken.

Woche 4: Graduierte Ausstellungen 1

- Erstellen Sie eine Hierarchie von angstauslösenden Situationen.
- Sich der am wenigsten beängstigenden Situation aussetzen.
- In der Situation bleiben, ohne einen Ausweg zu nutzen.

Woche 5: Graduierte Ausstellungen 2

- ➤ Den Schwierigkeitsgrad der Situationen schrittweise erhöhen.
- ➤ Üben Sie die Akzeptanz Ihrer körperlichen Empfindungen.
- ➤ Anpassungsfähigkeit

Woche 6: Loslassen

- ➤ Achtsamkeit üben (Körperscan, Meditation, etc.).
- ➤ Relativisieren Sie die Auswirkungen Ihrer negativen Gedanken.
- ➤ Akzeptieren Sie Ihre Emotionen, ohne darauf zu reagieren.

Woche 7: Verhaltensaktivierung

- ➤ Planen Sie angenehme und lohnende Aktivitäten.
- ➤ Schwierige Aufgaben in überschaubare Schritte aufteilen.
- ➤ Angemessene Ruhezeiten einplanen.

Woche 8: Balance zwischen Verantwortung und Entspannung

- ➤ Ordnen Sie Ihre Prioritäten neu, um Ihre Energie auf das Wesentliche zu konzentrieren.
- ➤ Bestimmte Aufgaben nach Möglichkeit delegieren, um die psychische Belastung zu reduzieren.
- ➤ Abwechselnde Arbeits- und Freizeitzeiten zur Aufrechterhaltung eines gesunden Gleichgewichts.

Woche 9: Kommunikation und soziale Beziehungen

- ➤ Sich konstruktiv behaupten, indem Sie Ihre Bedürfnisse und Grenzen ausdrücken.
- ➤ Pflegen Sie Empathie in Ihren Beziehungen, indem Sie anderen aktiv zuhören.
- ➤ Bei Bedarf um Hilfe bitten, um soziale Unterstützung zu erhalten.

Woche 10: Rückfallprävention

- ➤ Risikosituationen antizipieren und Bewältigungsstrategien entwickeln.
- ➤ Setzen Sie sich realistische Ziele, um die Motivation aufrechtzuerhalten.
- ➤ Aufrechterhaltung bestimmter erlernter KVT-Techniken zur Stärkung der erworbenen Fähigkeiten.

Woche 11: Bilanz

> ➢ Messen Sie Ihren Fortschritt in Bezug auf Ihre ursprünglichen Ziele.
> ➢ Passen Sie Ihre Strategien bei Bedarf an die Ergebnisse an.
> ➢ Feiern Sie Ihre großen und kleinen Erfolge, um Motivation und Selbstvertrauen zu stärken.

Woche 12: Fazit

> ➢ Bestandsaufnahme der Errungenschaften, um sich Ihrer Fortschritte bewusst zu werden.
> ➢ Nützliche Übungen im Alltag weiter umsetzen.
> ➢ Sich selbst für seine Bemühungen und dafür, dass er diese Reise zum emotionalen Wohlbefinden unternommen hat, zu beglückwünschen.

Tipps zur Aufrechterhaltung des Erreichten.

Um die Errungenschaften Ihrer Selbsttherapie zur Überwindung von Angst und Stress mit der kognitiven Verhaltenstherapie (KVT) aufrechtzuerhalten, finden Sie hier einige Tipps:

1. **Üben Sie die erlernten Techniken regelmäßig:** Integrieren Sie Atemübungen, Achtsamkeitsübungen, kognitive Umstrukturierung und abgestufte Exposition in Ihren Alltag. Je mehr du diese Techniken übst, desto mehr werden sie zu Gewohnheiten und helfen dir, effektiv mit Angst und Stress umzugehen.
2. **Bleiben Sie sich Ihrer Gedanken und Emotionen bewusst:** Führen Sie weiterhin ein Tagebuch, um Ihre Gedanken und Emotionen zu überwachen. Identifizieren Sie negative Denkmuster und Angstauslöser, damit Sie proaktiv damit umgehen können.
3. **Halten Sie ein gesundes Lebensgleichgewicht aufrecht:** Achten Sie auf ein ausgewogenes Verhältnis von Arbeit, Freizeit, Schlaf und Bewegung. Eine gesunde und ausgewogene Ernährung kann auch dazu beitragen, Stress und Angstzustände abzubauen.
4. **Bleiben Sie mit Ihrem Unterstützungsnetzwerk in Verbindung:** Pflegen Sie weiterhin positive und lohnende soziale Beziehungen. Teilen Sie Ihre Erfolge und Herausforderungen bei Bedarf mit Freunden, Familienmitgliedern oder einem Psychiater.

5. **Achten Sie auf Anzeichen eines Rückfalls:** Achten Sie auf Warnzeichen eines Rückfalls wie erhöhte Angstzustände, wiederkehrende negative Gedanken oder Stimmungsschwankungen. Wenn Sie diese Anzeichen bemerken, zögern Sie nicht, Hilfe zu suchen und die erlernten Strategien anzuwenden, um damit umzugehen.

6. **Erziehen Sie sich weiter zum Umgang mit Stress und Angst: Bleiben Sie auf** dem Laufenden über neue Forschungsergebnisse und empfohlene Praktiken im Umgang mit Stress und Angst. Bücher, Podcasts, Videos und Online-Ressourcen können nützliche Werkzeuge sein, um Ihr Wissen zu vertiefen und Ihre Fähigkeiten zu stärken.

7. **Seien Sie freundlich zu sich selbst:** Seien Sie geduldig und mitfühlend zu sich selbst während Ihres Lernprozesses. Denken Sie daran, dass der Fortschritt nicht immer linear ist und dass es normal ist, Höhen und Tiefen zu erleben. Zeigen Sie Selbstmitgefühl und geben Sie sich die Erlaubnis, auf sich selbst aufzupassen.

Wenn Sie diese Tipps befolgen und sich Ihrem eigenen Wohlbefinden widmen, können Sie die Errungenschaften Ihrer Selbsttherapie in KVT aufrechterhalten und sich weiter auf ein ausgeglicheneres und erfüllteres Leben zubewegen.

Schlussfolgerung

Mit dem Abschluss dieses Buches hoffe ich aufrichtig, Ihnen die Werkzeuge und das Wissen zur Verfügung gestellt zu haben, um die Angst und den Stress zu überwinden, die manchmal unser emotionales und mentales Wohlbefinden beeinträchtigen können. Die kognitive Verhaltenstherapie (KVT) ist ein leistungsfähiger und bewährter Ansatz zur Bewältigung dieser Herausforderungen, und jedes Kapitel wurde entwickelt, um Sie Schritt für Schritt durch die grundlegenden Prinzipien und Techniken dieser Methode zu führen.

Im Laufe der Wochen haben Sie die Funktionsweise Ihrer eigenen Psyche erforscht, gelernt, Ihre negativen automatischen Gedanken zu identifizieren und in Frage zu stellen, sich Ihren Ängsten durch die graduierte Ausstellung zu stellen und einen Geist der Achtsamkeit zu kultivieren, um den gegenwärtigen Moment in vollen Zügen zu leben.

Ihr Engagement und Ihre Ausdauer auf dieser Reise sind zu begrüssen. Du hast Mut bewiesen, indem du dich deinen Ängsten gestellt und positive

Veränderungen in deinem Leben vorgenommen hast. Egal, ob Sie kleine Siege oder große Erfolge erlebt haben, jeder Schritt bringt Sie Ihrem ultimativen Ziel einen Schritt näher: ein Leben in Ruhe, Zuversicht und Ausgeglichenheit.

Ich ermutige dich, weiterhin die Techniken zu üben, die du gelernt hast, offen für Lernen und Wachstum zu bleiben und die Unterstützung zu suchen, die du brauchst, wenn die Herausforderungen kommen. Du verdienst Wohlbefinden und inneren Frieden und verfügst über die nötigen Ressourcen, um diese zu erreichen.

Denken Sie daran, dieses Buch ist einfach der Beginn Ihrer Reise zu einem erfüllteren und ausgeglicheneren Leben. Mach weiter mit Mut und Entschlossenheit, wissend, dass du in der Lage bist, alles zu überwinden, was dir im Weg steht.

Ich wünsche Ihnen alles Gute auf Ihrer Reise in ein Leben frei von Angst und Stress und danke Ihnen, dass Sie sich für diesen ersten Schritt zu Ihrem emotionalen Wohlbefinden entschieden haben.

Bonus: Praktische Techniken, um Stress und Angst loszuwerden.

Warum Stress abbauen?

Stellen Sie sich Ihren Körper wie ein Auto vor. Angesichts einer unmittelbaren Lebensgefahr (zum Beispiel bei einem Unfall) startet Ihr Auto mit voller Geschwindigkeit dank einer massiven Dosis Kraftstoff (Adrenalin) und vergisst alles andere. Nur das Überleben zählt! Aber dieser "Flucht nach vorne" -Modus kann nicht zu lange dauern. Ihr Auto ist nicht darauf ausgelegt, ständig maximal zu fahren, es würde Sie schließlich loslassen. Dasselbe gilt für unseren Körper. Intensiver Stress über einen kurzen Zeitraum, um eine lebensbedrohliche Bedrohung zu überleben, ist überschaubar. Aber chronischer Stress auf kleiner Flamme ist auf Dauer verheerend.

Die gesamte Energie wird in Erwartung einer "Gefahr" auf Kosten anderer Funktionen wie des Immunsystems monopolisiert. Dadurch erkrankt man leichter an Viren und Bakterien. 90 % der Krankheiten stehen im Zusammenhang mit Stress!

Das Schlimmste ist, dass Stress heute praktisch gar nicht mehr lebenswichtig ist. Laut einer Studie sind unsere Hauptquellen für Angstzustände:

- Silber (78%)
- Arbeiter i
- Arbeit (60%)
- Gesundheit (56%)
- Beziehungen (56%)
- Terrorismus

Wie wir sehen, handelt es sich bei den meisten dieser Belastungen um Probleme des modernen Lebens, nicht um Lebensgefahren. Unser Körper erschöpft sich umsonst! Also ja, chronischen Stress loszuwerden ist unverzichtbar, wenn man gesund bleiben und das Leben ohne Angst genießen will. Es ist an der Zeit, unseren Stress wieder in den Griff zu bekommen, anstatt ihn ohne triftigen Grund zu ertragen!

Stressbewältigung.

Es gab eine Zeit in meinem Leben, in der Stress mein ständiger Begleiter war. Er wollte mich nicht loslassen. Ich war vor allem durch den Kontakt mit anderen gestresst ("Was werden andere von mir denken?") und durch die Schule ("was wäre, wenn ich diesen Test nicht bestanden hätte?"). Mein Kopf war immer voller dunkler Szenarien, der innere Kritiker geriet in Panik, und ein schreckliches Wärmegefühl setzte sich in meinem Magen fest, der bei jedem unangenehmen Gedanken brannte.

Zu dieser Zeit kannte ich die Psychologie, die persönliche Entwicklung und die Methoden der Arbeit mit Emotionen und Überzeugungen nicht. Ich hatte keine Ahnung, wie ich mit dem Stress umgehen sollte, der von innen an mir nagte. Mein Weg, mich von diesen destruktiven Zuständen zu befreien, dauerte etwa 2 Jahre und erforderte eine ziemlich intensive Arbeit an mir selbst. Allerdings denke ich, dass du mit Stress in kürzerer Zeit umgehen kannst - wenn du das Wissen hast, das ich nicht hatte, als ich versuchte und es nicht schaffte, mit Stress umzugehen. Im Nachhinein kann ich drei Schlüsselebenen identifizieren, in denen es sich lohnt, an Stress zu arbeiten:

Das Umweltniveau (Umwelt, Menschen, Lebensstil)

1. **Das Niveau Ihres Körpers** (Physiologie, Muskelverspannungen, ausgeschiedener Stresshormonspiegel)
2. **Der Geist:** Die 3. Ebene des Geistes, die unterteilt ist in:
   - **Überzeugungen** (was du glaubst und wie du denkst).
   - **Mentale Gewohnheiten** (was jeden Tag in Ihrem Kopf passiert).

Es ist schwer zu sagen, welche dieser Ebenen die wichtigste ist. Ich denke, das hängt viel von der Person ab. Ich spüre intuitiv, dass die Körperebene für mich entscheidend war. Durch die regelmäßige Anwendung von Entspannungsübungen konnte ich die voreingestellte Muskelspannung und die Menge des ausgeschütteten Stresshormons „umprogrammieren", wodurch es mir sehr leicht fiel, an meinen Überzeugungen und mentalen Gewohnheiten zu arbeiten.

Progressive Muskelentspannung nach Jacobson

Haben Sie jemals einen Zustand vollständiger und tiefer Entspannung, Leichtigkeit, Glückseligkeit gespürt? Erfahren Sie, was Entspannung ist und wie Sie diesen Zustand in wenigen Minuten erreichen können. Sie werden alle Verspannungen los und der Stress wird wie ein Griff verschwinden. Wenn Sie sich für ein paar Minuten entspannen, werden Sie sich wohlfühlen.

Aber machen Sie zuerst ein kleines Experiment:

Probieren Sie dieses einfache Experiment aus: Setzen Sie sich hin, lehnen Sie sich nach vorne und ziehen Sie Ihren Körper an, als wären Sie gestresst. Entspanne dich nun, lächle und atme tief durch. Denken Sie an etwas Stressiges. Merkst du schon die Veränderung?

Der Stress hat wahrscheinlich abgenommen, oder? Dieses Experiment zeigt, wie unser Körper unsere Emotionen beeinflussen kann.

Negative Gedanken lösen Stress aus. Es ist eine körperliche Reaktion, bei der sich die Muskeln zusammenziehen und das Stresshormon Cortisol freigesetzt wird. Aber wie Sie erlebt haben, kann das Ändern Ihrer Haltung und Atmung Stress reduzieren.

Jacobsons Entspannung, die in den 1920er Jahren geschaffen wurde, basiert auf diesem Prinzip. Sie lehrt dich, deine Muskeln bewusst zu entspannen, um deinen Geist zu beruhigen. Durch regelmäßiges Üben reduzierst du deinen Stress signifikant und wirst im Alltag ruhiger und konzentrierter.

„Ein gestörter Geist kann in einem entspannten Körper nicht existieren. »

- Edmund Jacobson

Die Entspannungspraxis von Jacobson hilft Ihnen, Ihren Stress- und Spannungspegel den ganzen Tag über deutlich zu reduzieren. Ihre Konzentration und Ihre Fähigkeit, mit schwierigen Situationen umzugehen, werden zunehmen. Sie werden entspannter und ruhiger. Wenn Sie regelmäßig trainieren, werden diese Effekte nach etwa zwei Wochen nicht nur für einige Zeit nach dem Training anhalten, sondern bereits den ganzen Tag, jeden Tag.

Die positiven Effekte dieser Art von Entspannungsübung sind sehr deutlich, so dass Sie sie schnell bemerken werden.

Hier ist ein detailliertes Merkblatt zur Entspannung von Jacobson:

Ziel: Stress und Muskelverspannungen reduzieren, Entspannung und allgemeines Wohlbefinden verbessern.

Dauer: Die Praxis kann je nach Verfügbarkeit und Bedarf 10 bis 30 Minuten dauern.

Benötigtes Material: Ein ruhiger Ort, ein Teppich oder ein bequemer Stuhl.

Arbeitsanleitung:

1. **Finden Sie einen ruhigen Ort:** Wählen Sie einen Ort, an dem Sie ruhig und gemütlich sein können.
2. **Nehmen Sie eine bequeme Haltung ein:** Setzen oder legen Sie sich bequem hin, die Arme am Körper entlang.
3. **Lockern Sie die Muskeln allmählich:** Beginnen Sie mit den Füßen und steigen Sie allmählich bis zum Kopf auf, wobei Sie jede Muskelgruppe für einige Sekunden anspannen und entspannen. Ziehen Sie zum Beispiel die Zehen zusammen und lassen Sie sie dann wieder los. Machen Sie dasselbe für Waden, Oberschenkel, Gesäß, Bauch, Arme, Schultern, Hals und Gesicht.
4. **Atmen Sie tief ein:** Während Sie die Muskeln entspannen, atmen Sie tief durch die Nase ein, indem Sie Ihren Bauch aufblasen, und atmen Sie dann langsam durch den Mund aus.
5. **Visualisiere Entspannung:** Während du Muskelentspannung übst, visualisiere ein Gefühl von Wärme und Entspannung, das in jeden Teil deines Körpers eindringt.
6. **Konzentrieren Sie sich auf die Empfindungen:** Richten Sie Ihre Aufmerksamkeit auf die Empfindungen der Entspannung und Entspannung in Ihren Muskeln.
7. **Wiederholen Sie bei Bedarf:** Sie können die Übung für angespannte Muskelgruppen wiederholen.
8. **Beenden Sie sanft:** Nachdem Sie alle Muskeln entspannt haben, nehmen Sie sich einen Moment Zeit, um sich auszuruhen und das Gefühl der Entspannung zu genießen.

Frequenz: Für beste Ergebnisse üben Sie diese Entspannungstechnik von Jacobson ein- bis zweimal täglich oder jedes Mal, wenn Sie sich angespannt oder gestresst fühlen.

Hinweis: Konsultieren Sie einen Arzt, wenn Sie gesundheitliche Probleme oder Muskelschmerzen haben, bevor Sie mit einem Entspannungsprogramm beginnen.

Die Tre-Methode.

Ich werde Ihnen eine andere Methode vorstellen, die ebenso einfach, aber kraftvoll, im therapeutischen Bereich und darüber hinaus sehr effektiv ist: Trauma-Releasing-Übungen (TRE). Diese Übungen helfen, einen Teil des Stresses und der Spannungen abzubauen, die wir aufbauen. Obwohl es bereits Informationen zu dieser Methode im Web gibt, möchte ich einige Hinweise hinzufügen, die ich für relevant halte.

Nehmen wir das Beispiel des Hirsches, der, um zu überleben, vor der Gefahr flieht, indem er Hormone freisetzt, die es ihm ermöglichen, zu entkommen. Sobald er in Sicherheit ist, beginnt er zu zittern, um die angesammelten Stresshormone freizusetzen. Ein anschauliches Beispiel ist ein Eisbär, der von Menschen, die ihn untersuchen wollen, starkem Stress ausgesetzt ist:

- **Video-Titel:** Trauma Bär
- **Video-Link:** https://youtu.be/et4060geodi

Es stellt sich heraus, dass der menschliche Körper den gleichen Mechanismus verwendet.

Historie der TRE-Methode.

Die Tre-Methode wurde durch Beobachtung der natürlichen Reaktion von Tremor im Körper nach einem traumatischen Ereignis entdeckt. Sein Schöpfer, David Berceli, ein Missionar in Kriegsgebieten, machte Beobachtungen über die Reaktionen der lokalen Bevölkerung. Als er zum Beispiel 1979 in einem Bombenschutzraum in Beirut war, bemerkte er, dass sich alle Anwesenden instinktiv zusammenzogen, als sie die Sirenen hörten, die die Ankunft von Kampfflugzeugen ankündigten. Dann beobachtete er im Sudan, dass die Kinder bei den Bombenangriffen unkontrolliert zitterten, während die Erwachsenen ihr Zittern unterdrückten, um den Kindern ihre Not nicht zu zeigen. Diese Beobachtungen veranlassten ihn, die Natur dieser Zittern zu erforschen, die er als lebenswichtig für die körperliche, emotionale und psychische Genesung nach einem Trauma identifizierte.

Jahre später, nach dem Studium der bioenergetischen Analyse, entwickelte Berceli die Tre-Methode, um den durch Traumata verursachten Stress zu reduzieren. Psychologen haben festgestellt, dass kleine Kinder in Stresssituationen auf natürliche Weise zittern, aber wenn wir älter werden, lernen wir, unsere Emotionen zu unterdrücken und verlieren so diese natürliche Fähigkeit.

Es ist wichtig zu verstehen, dass Tremor eine natürliche und gesunde Reaktion des Körpers ist, um emotionale Spannungen abzubauen, aber die Gesellschaft drängt uns oft, sie zu bekämpfen, indem wir sie als negativ betrachten. Indem wir jedoch unsere Emotionen unterdrücken, stärken wir unseren Körper und entfernen uns von dem, was wir wirklich sind. Die Tre-Methode zielt darauf ab, diese natürliche Fähigkeit des Emotionsmanagements wiederzuerlangen, um die angesammelten Spannungen zu lösen und einen entspannten Zustand wiederzuerlangen.

Die Methode

Die Tre-Methode ist leicht zu erlernen: Einige einfache Übungen lösen Muskelzittern aus, die in den Beinen beginnen und entlang des Körpers durch Becken, Hüfte, Bauch, Brust, Schultern und Kiefer nach oben gehen können. Diese Zittern lösen die tiefen und chronischen Muskelverspannungen des "Energiezentrums" des Körpers, insbesondere des Psoasmuskels und der paraspinalen Muskeln, indem sie sich entlang der Wirbelsäule und nach außen ausbreiten und die Verspannungen vom Kreuzbein bis zum Schädel entspannen. Sie beginnen oft in den Beinen und im Becken, bevor sie sich entlang des Körpers nach oben bewegen. TRE gilt als effektive Methode, um Stress abzubauen, einfach alleine oder in der Gruppe zu erlernen.

Meine Erfahrung mit dem TRE:

In meiner ersten Tre-Sitzung (Tension & Trauma Releasing Exercises) erlebte ich etwas wirklich Seltsames. Nach einem kurzen Aufwärmen und den ersten Übungen begann mein Körper von selbst zu vibrieren. Diese Vibrationen waren nicht so stark wie die, die man spürt, wenn man in die Suchleiste von Youtube "TRE" tippt, aber sie waren sehr präsent. Ich konnte sie stoppen, indem ich die Position änderte, aber in der spezifischen Position, die ich halten musste, traten sie natürlich auf, ohne dass ich sie provozierte. Meine Aufgabe war es, die Position zu finden, die sie stärker macht und sie bequem zu halten.

Nach ca. 45 Minuten Bewegung spürte ich ein tiefes Wohlbefinden. Ich hatte das Gefühl, dass mein ganzer Körper beruhigt war, als ob jede Zelle still geworden wäre. Mein Kopf war ruhig, präsent und ruhig. Diese Empfindungen hielten nach der Sitzung etwa 3 Stunden an.

Nach einigen Sitzungen mit einem Fachmann können Sie die Übungen zu Hause fortsetzen.

So praktizieren Sie TRE:

1. **Positionierung:** Setzen Sie sich bequem auf einen Stuhl oder legen Sie sich auf den Rücken. Stellen Sie sicher, dass Sie einen privaten Bereich haben, in dem Sie sich sicher fühlen, TRE zu praktizieren.

2. **Konzentrieren Sie sich auf die Anspannung:** Schließen Sie die Augen und konzentrieren Sie sich auf die Spannungsbereiche in Ihrem Körper. Identifizieren Sie Orte, an denen Sie sich gestresst oder unwohl fühlen, wie den Nacken, die Schultern, den Bauch oder jeden anderen Teil Ihres Körpers, an dem Sie sich angespannt fühlen.

3. **Klopfen:** Verwenden Sie Ihre Finger oder die Handfläche, um die von Ihnen identifizierten Spannungsbereiche sanft und regelmäßig zu klopfen. Beginnen Sie mit einem leichten Klopfen und erhöhen Sie dann nach und nach den Druck, wenn es sich angenehm anfühlt. Sie können zwischen sanften und festeren Klopfen wechseln, um herauszufinden, was am besten zu Ihnen passt.

4. **Atmung:** Konzentriere dich beim Klopfen auch auf deine Atmung. Atmen Sie tief und langsam ein, atmen Sie durch die Nase ein und atmen Sie durch den Mund aus. Lassen Sie sich von Ihrem Atem helfen, die Verspannungen in Ihrem Körper weiter zu lösen.

5. **Ausdruck von Emotionen:** Erlaube dir, während du die TRE übst, alle Emotionen, die auftauchen, zu fühlen und auszudrücken. Beurteile deine Gefühle nicht, sondern lass sie frei durch deinen Körper fließen. Sie können weinen, schreien, lachen oder andere Emotionen fühlen, die auftreten.

6. **Beobachtungen:** Nachdem Sie ein paar Minuten geklopft haben, nehmen Sie sich einen Moment Zeit, um die körperlichen und emotionalen Empfindungen zu beobachten, die in Ihrem Körper auftreten. Achte auf Veränderungen in deinem Stress-, Angst- oder Spannungslevel.

7. **Wiederholung:** Wiederholen Sie diese Übung SO oft wie nötig, um Stress und Angst abzubauen. Sie können täglich oder so oft üben, wie Sie möchten, um Ihr emotionales Wohlbefinden zu erhalten.

Die Emotionale Befreiungstechnik kann ein mächtiges Werkzeug sein, um mit Stress und Angst umzugehen. Indem Sie diese Praxis in Ihren Alltag integrieren, können Sie lernen, die in Ihrem Körper angesammelten Spannungen zu lösen und ein größeres Gefühl der Ruhe und des emotionalen Wohlbefindens zu kultivieren.

Die Vorteile von "TRE:

Es gibt einige Studien zur empirischen Validität dieser Methode und wir werden zwei davon erwähnen. Eine wurde von Maceda (2013) in Brasilien durchgeführt, um die Auswirkungen der Tre-Technik in Fällen von geschlechtsspezifischer Gewalt zu bewerten, deren Ergebnisse darauf hindeuten, dass die Anwendung dieser Technik als therapeutisches Instrument wirksam ist, dasie wirksame Strategien zur Verhinderung von Gewalt und zur Verringerung von Stress, traumatischen Symptomen und dissoziativem Verhalten bietet. Die andere ist eine Pilotstudie mit Arbeitern der Organisation Children's Villages in Südafrika, deren Ergebnisse darauf hindeuten, dass die systematische und wiederholte Aktivierung des selbstinduzierten Tremormechanismus einen vielversprechenden therapeutischen Wert bietet.

Schließlich erinnern wir uns an die Vorteile der Anwendung der Technik als therapeutisches Instrument in Ergänzung zur Psychotherapie. Diese Technik fördert nicht nur die Wiederherstellung des Körpergleichgewichts, sondern erhöht auch die Erfolgschancen der verbalen Therapie. Es ist auch zu beachten, dass es ratsam ist, die TRE-Technik in einem therapeutischen Kontext anzuwenden, da ihre Anwendung die Freisetzung von Emotionen und Erinnerungen aktivieren könnte, die mit dem Trauma verbunden sind. Im Falle eines persönlichen Gebrauchs der Technik unterliegt das Experiment jedoch der Kontrolle der Person, die die Intensität des Tremors je nach dem Grad, den sie tolerieren kann, regulieren kann. Vorsicht ist ratsam und es ist immer am besten, dies alleine zu tun, nachdem Sie das Verfahren mit Hilfe eines Therapeuten gelernt haben.

Übungen zur Stimulation des Vagusnervs und zum Stressabbau

Nerven sind periphere Strukturen des Nervensystems, die zwischen Körper und Gehirn kommunizieren. Sie ermöglichen es uns auch, uns zu bewegen und Empfindungen wie Schmerzen, Hitze oder Kitzeln zu spüren. Und unter den vielen Nerven, die sich von Kopf bis Fuß ausbreiten, sticht sicherlich einer heraus: Der Vagusnerv durchdringt einen großen Teil unseres Körpers und steht in direktem Zusammenhang mit Emotionen.

Was ist der Vagusnerv?

Der Vagusnerv oder Vagusnerv ist ein entscheidender Bestandteil unseres Nervensystems, der das Gehirn mit vielen lebenswichtigen Organen wie Herz, Lunge, Magen und Darm verbindet. Sein Name, "Welle", erinnert an seine Ausbreitung durch den Körper, da er sich weit verzweigt, um viele Organe zu berühren. Stellen Sie sich das als Kommunikationsautobahn zwischen Gehirn und inneren Organen vor, die Signale in beide Richtungen überträgt. Zum Beispiel, wenn Sie gestresst sind, überträgt der Vagusnerv Signale vom Gehirn zum Herzen, um den Herzschlag zu beschleunigen. Umgekehrt kann eine Stimulation des Vagusnervs zu einer Abnahme der Herzfrequenz und einem Gefühl der Ruhe führen.

Physiologisch spielt der Vagusnerv eine wesentliche Rolle bei der Regulierung vieler automatischer Körperfunktionen wie Atmung, Verdauung und Herzfrequenzkontrolle. Es ist auch an der Stressreaktion beteiligt, indem es die Freisetzung von Hormonen wie Cortisol beeinflusst. Es ist auch mit unserem psychischen Wohlbefinden verbunden. Studien haben gezeigt, dass eine adäquate Stimulation des Vagusnervs dazu beitragen kann, Angstzustände und Depressionen zu reduzieren. Dies kann durch einfache Techniken wie tiefes Atmen und Aktivierung des parasympathischen Systems erfolgen.

Zusammenfassend ist der Vagusnerv ein wichtiger Akteur in unserem Nervensystem und spielt eine entscheidende Rolle bei vielen lebenswichtigen Funktionen. Seine Stimulation kann sich positiv auf unsere geistige und körperliche Gesundheit auswirken, indem sie die Entspannung fördert und die automatischen Funktionen des Körpers reguliert.

Ihr seid, was ihr esst.

Du bist, was du isst, sagt das Sprichwort, und die Wissenschaft bestätigt es seit Jahrhunderten: Eine ausgewogene Ernährung ist wichtig, um gesund zu bleiben. Aber wie beeinflussen die Lebensmittel, die wir essen, tatsächlich unseren Körper und wie ist der Vagusnerv daran beteiligt? Um zu verstehen, muss man zuerst über das Mikrobiom sprechen.

Das Mikrobiom ist wie eine Miniaturstadt, die von Mikroorganismen bevölkert ist, die in verschiedenen Teilen unseres Körpers, insbesondere in unserem Darm, leben. Diese winzigen Bewohner spielen eine Schlüsselrolle für unsere Gesundheit, indem sie uns vor schädlichen Eindringlingen schützen und uns helfen, Nahrung zu verdauen. Damit diese wohltuenden Lebensmittel aber unser Gehirn erreichen, müssen sie einen speziellen Weg einschlagen, und hier kommt der Vagusnerv ins Spiel.

Dieser Nerv, der unseren Darm mit unserem Gehirn verbindet, ist für die Kommunikation zwischen diesen beiden Organen unerlässlich. Wie der Neurowissenschaftler John Cryan vom University College Cork in Irland erklärt, „kann das, was im Vagusnerv passiert, sogar unsere Emotionen beeinflussen". Mit anderen Worten, was wir essen, kann sich direkt auf unser geistiges Wohlbefinden auswirken. Bestimmte Lebensmittel sind für unser Mikrobiom besonders vorteilhaft. Naturjoghurt, Kefir und Kombucha zum Beispiel sind reich an guten Bakterien, die unseren Darm ins Gleichgewicht bringen. Obst, Gemüse und grünes Gemüse hingegen sind reich an Ballaststoffen, die die Mikroorganismen in unserem Körper nähren. Durch die Stimulierung unseres Mikrobioms mit diesen Nahrungsmitteln können wir unseren Vagusnerv positiv beeinflussen, der wiederum Signale an unser Gehirn sendet, um unsere Emotionen zu regulieren. Diese Darm-Gehirn-Verbindung hat mit dem Einsatz von Probiotika und Präbiotika neue Perspektiven im Gesundheitsbereich eröffnet, um unser Mikrobiom auszugleichen und unser geistiges Wohlbefinden zu verbessern.

Kurz gesagt, die Ernährung spielt eine entscheidende Rolle für unsere geistige und körperliche Gesundheit, indem sie unser Mikrobiom beeinflusst und ***den Vagusnerv aktiviert***. Wenn Sie sich also das nächste Mal entscheiden, was Sie auf den Teller legen möchten, denken Sie daran, dass Sie nicht nur Ihren Körper, sondern auch Ihren Geist ernähren.

Wie stimuliert man den Vagusnerv?

Es gibt mehrere Möglichkeiten, den Vagusnerv, einen wichtigen Bestandteil unseres Nervensystems, zu stimulieren. Die Stimulation kann aus verschiedenen Gründen nützlich sein, insbesondere zur Behandlung von medizinischen Problemen wie Tachykardie oder Depressionen oder einfach zur Förderung von Entspannung und Wohlbefinden.

Die Stimulation des Vagusnervs kann auf verschiedene Arten erfolgen. Einige sind formaler, wie die diagnostische oder therapeutische Stimulation durch Angehörige der Gesundheitsberufe. Andere sind informeller, wie tiefes Atmen, Meditation oder sogar Massagen. Zu den Stimulationsmethoden gehören Karotissinusmassage, Valsalva-Manöver, Eintauchen in kaltes Wasser, tiefes Atmen oder Schlucken. Diese Methoden können helfen, den Vagusnerv zu aktivieren und einen Zustand der Ruhe und Stille zu induzieren.

Einige Möglichkeiten, den Vagusnerv zu stimulieren, sind:

Es gibt mehrere Möglichkeiten, den Vagusnerv zu stimulieren, und es ist notwendig, die richtigen Indikationen und Techniken zu kennen, um sie zu erreichen.

1. Polyvagale Übung: Diese Übung zielt darauf ab, den Vagusnerv zu stimulieren und Ängste, Sorgen und Ängste zu beseitigen. Legen Sie sich auf den Rücken auf eine Matte oder lehnen Sie sich aufrecht an eine Wand. Kreuze deine Finger (als würdest du sie zusammenschnappen) und lege deine Hände hinter deinen Kopf. Ihre Schulter wird sich am Boden oder an der Wand abstützen. Ohne den Kopf zu drehen, schauen Sie 60 Sekunden lang so weit wie möglich nach links. Dann schauen Sie nach rechts, ebenfalls für 60 Sekunden. Wiederholen Sie die Bewegungen, bis Sie seufzen, würgen oder die Entspannung spüren.

Das Seufzen oder Gähnen ist ein Zeichen dafür, dass der Vagusnerv aktiviert wurde und positive Energie in den Körper sendet. Tatsächlich aktiviert jede Dehnübung, die Verspannungen im Nacken und in den Schultern lindert und dabei nach links und rechts schaut, den Vagusnerv.

Es gibt Videos auf YouTube, die diese Übung lehren, manchmal mit leichten Abweichungen. Um auf Englisch zu suchen, geben Sie " polyvagale Übungen : (polyvagal exercises)" ein. Das Öffnen dieser Videos stellt in der Regel Ihre Geduld auf die Probe, da der Moderator eine Rede halten möchte. Eines dieser Videos ist auf der Website zu sehen: https://www.youtube.com/watch?v=gHBpHl0oebo.

2. Massage: Mit einem guten Physiotherapeuten, der sich auf diesen Bereich spezialisiert hat, können Sie den Vagusnerv stimulieren. Der Spezialist führt eine Reihe von Massagen im Bauchbereich durch. Diese Stimulation des Vagusnervs lindert Darmkrämpfe und aktiviert das parasympathische Nervensystem.

3. Zwerchfellatmung: Wie bereits erwähnt, ist der Unterleibsstamm des Vagusnervs für das parasympathische Nervensystem verantwortlich. Deshalb ist die Atmung im Bauchbereich beruhigend.

Legen Sie sich auf den Rücken, legen Sie Ihre Hände auf den Bauch. Atmen Sie durch die Nase ein und schicken Sie Luft in Ihren Bauch (Sie werden spüren, wie sich Ihre Arme heben). Atmen Sie mit dem Mund aus. Versuchen Sie, diese Übung langsam genug durchzuführen, um nur 10 Ein- und Ausatmungszyklen in 2 Minuten zu halten. Diese Übung kann auch im Sitzen durchgeführt werden. Es ist hilfreich, sich vorzustellen, dass Sie einen roten Ballon in Ihrem Bauch haben, den Sie mit Ihrem eigenen Atem pumpen, oder ein Blatt, das in Ihrem Bauch auf- oder absteigt. Dank dieser Technik, die täglich praktiziert wird, nimmt das Gefühl von Stress und Angst ab, der Herzschlag beruhigt sich, das innere Gleichgewicht und die Verdauung verbessern sich.

4. Bauchmuskulatur: Eine weitere effektive Stimulationsmethode ist die Kontraktion der Bauchmuskulatur, als ob Sie an dieser Stelle einen Schlag bekommen würden. Verspannte Muskeln sorgen für eine gute Stimulation des Vagusnervs. (Saldmann, 2017) Es lohnt sich, die Spannung mit einem sehr leichten Schlag in den Bauch zu testen. Sobald Sie Ihre Ausdauer auf diese Weise getestet haben, wiederholen Sie die Übung (bereits ohne die Schläge) vierzehnmal, wobei Sie die Bauchmuskeln abwechselnd anspannen und entspannen.

5 . Übung im Stehen. Diese Übung wird in der Diätetik eingesetzt, um Hungerattacken zu unterdrücken. Tun Sie dies vor einer Mahlzeit im Sitzen. Fülle deinen Mund mit lauwarmem Wasser, so dass deine Zunge unter Wasser und deine Wangen geschwollen sind. Öffnen Sie den Mund nicht und ändern Sie die Spannung nicht für 3 Minuten. Atmen Sie langsam durch die Nase.

Danach kann die Flüssigkeit geschluckt oder ausgespuckt werden. Das Hungergefühl wird durch ein Sättigungsgefühl ersetzt, dank des Signals, das der so stimulierte Vagusnerv an das Gehirn sendet.

6. Signal stärken: Es gibt auch andere Möglichkeiten, den Vagusnerv zu stimulieren, um sein Signal zu stärken. Diese Mittel sind die vagalen Manöver sind Maßnahmen, die geeignet sind, den Herzrhythmus zu normalisieren. Sie stimulieren den Vagusnerv, der zum autonomen Nervensystem gehört und an der Regulierung des Herzrhythmus beteiligt ist. Viele Herzpatienten lernen von ihrem Arzt, diese Manöver zu nutzen, um ihre Rhythmusstörungen selbst zu beenden.

Merkblätter - Techniken zur Stimulation des Vagusnervs

1. Carotismassage: Legen Sie zwei Finger auf die Seite Ihres Halses, direkt unter Ihren Kiefer. Sanft in kreisenden Bewegungen für 30 Sekunden auf jeder Seite einmassieren. Massieren Sie nicht zu stark und hören Sie auf, wenn Sie Schmerzen haben.

2. Druck auf die geschlossenen Augen: Ziel ist es, den Augeninnendruck zu erhöhen und den Vagusnerv zu stimulieren. Sie müssen Ihre Augen schließen und Ihre Daumen auf Ihre Augenlider legen, direkt über den Augäpfeln. 10 Sekunden lang sanften Druck ausüben. Aber massieren Sie nicht zu stark und hören Sie auf, wenn Sie Schmerzen haben.

3. Bauchdruck: Du musst dich auf den Rücken legen und deine Hände auf den Bauch legen. Atme vollständig aus und spanne dann, während du den Atem anhältst, deine Bauchmuskeln an, als würdest du versuchen, deinen Bauch vom Boden zu heben. Der Druck sollte 30 Sekunden lang ausgeübt und danach beendet werden. 5-mal wiederholen. Üben Sie diese Technik nicht, wenn Sie schwanger sind oder Bauchprobleme haben.

4. Ein kaltes Getränk trinken: Es soll den Vagusnerv stimulieren, indem es eine kalte Reaktion im Pharynx hervorruft. Um dies zu erreichen, müssen Sie schnell ein kaltes, idealerweise kohlensäurehaltiges Getränk trinken. (Vermeiden Sie zu süße oder saure Getränke.)

5. Erhöhung der Speichelproduktion: Ziel ist es, den Vagusnerv durch Erhöhung der Speichelproduktion zu stimulieren. Und dafür musst du einen zuckerfreien Kaugummi kauen oder eine harte Süßigkeit lutschen.

6. Massage der Innenseite des Ohres: Nehmen Sie ein Wattestäbchen und massieren Sie 30 Sekunden lang sanft die Innenseite Ihres Ohrs. Stecken Sie das Wattestäbchen nicht zu tief ins Ohr.

7. Halsspülung: Nehmen Sie einen Schluck kaltes Wasser und gurgeln Sie 30 Sekunden lang. Vermeiden Sie diese Technik, wenn Sie Halsprobleme haben.

8. Zwerchfellsang: Legen Sie eine Hand auf Ihren Bauch und atmen Sie mit Ihrem Zwerchfell tief ein (Ihr Bauch muss sich heben). Atmen Sie langsam aus und singen Sie einen tiefen Ton. Mehrmals wiederholen.

9. Trendelenburg-Position: Ziel ist es, den venösen Rückfluss zu erhöhen und den Vagusnerv zu stimulieren. Und um das zu erreichen, musst du dich auf den Rücken legen und deine Beine ca. 30 cm über dem Boden anheben. Halten Sie die Position für 10 Minuten. Üben Sie diese Technik nicht, wenn Sie Herz- oder Kreislaufprobleme haben.

10. Kalte und abwechselnde Duschen: Ziel dieser Technik ist es, den Vagusnerv abwechselnd warm und kalt zu stimulieren. Beginnen Sie mit einer heißen Dusche für 2 Minuten und beenden Sie dann mit einer kalten Dusche für 30 Sekunden. Wiederholen Sie den Wechsel dreimal. Sie sollten immer mit einer warmen Dusche beginnen und enden.

11. Schlafen auf der linken Seite: Legen Sie sich mit leicht gebeugten Beinen auf die linke Seite. Wenn Sie Atemprobleme haben, konsultieren Sie Ihren Arzt, bevor Sie diese Technik anwenden.

12. In extremen Notfällen: Kauen Sie bei Angst- oder Panikattacken einen zuckerfreien Kaugummi.

Denken Sie daran, dass diese Techniken keinen Ersatz für eine medizinische Behandlung darstellen. Wenn Sie unter Angstzuständen, Depressionen oder anderen Störungen leiden, ist es wichtig, einen Fachmann für psychische Gesundheit zu konsultieren.

Achtung: Übertreiben Sie die Stimulation nicht.

Der Vagusnerv ist ein wichtiger Nerv, der bei vielen lebenswichtigen Funktionen eine Rolle spielt, darunter Verdauung, Atmung, Durchblutung und Herzfunktion. Die Stimulation des Vagusnervs kann für die geistige und körperliche Gesundheit von Vorteil sein, aber es ist wichtig, nicht zu übertreiben.

Hier sind einige Gründe, warum man die Vagusnervstimulation nicht übertreiben sollte:

> **Nebenwirkungen:** Eine übermäßige Stimulation des Vagusnervs kann unangenehme Nebenwirkungen wie Übelkeit, Erbrechen, Schwindel, Bradykardien (verlangsamter Herzschlag) und Synkopen (Bewusstlosigkeit) verursachen.
> **Verminderte Effizienz:** Wenn der Vagusnerv zu stark stimuliert wird, kann er weniger empfindlich auf Stimulation reagieren, was die Wirksamkeit von Stimulationstechniken verringern kann.
> **Gesundheitsrisiken:** In einigen Fällen kann eine Überreizung des Vagusnervs gefährlich sein, insbesondere für Menschen mit Herz- oder Kreislaufproblemen.

Hier sind einige Tipps, um eine Überreizung des Vagusnervs zu vermeiden:

> Beginnen Sie mit kurzen, sanften Stimulationen.
> Erhöhen Sie schrittweise die Dauer und Intensität der Stimulation.
> Hören Sie auf Ihren Körper und hören Sie auf, wenn Sie unangenehme Nebenwirkungen verspüren.

Zusammenfassend lässt sich sagen, dass die Stimulation des Vagusnervs eine wirksame Technik zur Verbesserung der geistigen und körperlichen Gesundheit sein kann, aber es ist wichtig, sie nicht zu übertreiben. Befolgen Sie die Empfehlungen von medizinischem Fachpersonal und hören Sie auf Ihren Körper, um unangenehme Nebenwirkungen zu vermeiden.

Stressbewältigung mit EFT:

Emotional Freedom Techniques (EFT) ist eine alternative psychotherapeutische Methode, die Techniken der Traditionellen Chinesischen Medizin (TCM) mit Prinzipien der modernen Psychologie verbindet. Sie wird häufig zur Reduzierung von Stress und Angstzuständen sowie zur Behandlung von emotionalen Traumata eingesetzt. EFT basiert auf dem Prinzip, dass negative Emotionen durch Störungen im Energiesystem des Körpers verursacht werden. Durch das Klopfen auf bestimmte Akupunkturpunkte bei gleichzeitiger Fokussierung auf ein bestimmtes emotionales Problem wird behauptet, diese Störungen zu lösen und das Energiegleichgewicht wiederherzustellen, was zu einer Reduktion der emotionalen Symptome führen kann.

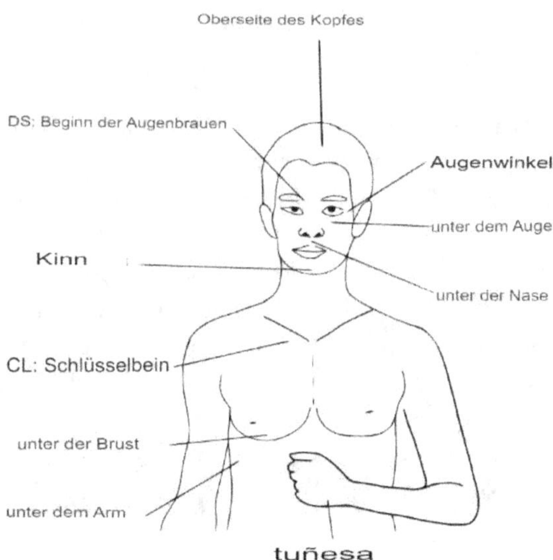

Die Grundtechnik der EFT besteht darin, sich auf ein bestimmtes emotionales Problem zu konzentrieren und dabei leicht mit den Fingerspitzen auf Akupunkturpunkte im Gesicht und Oberkörper zu klopfen. Dazu gehören der Scheitel, der Augenwinkel, unter dem Auge, unter der Nase, unter dem Mund, am Schlüsselbein und unter dem Arm. Wenn Sie auf diese Punkte tippen, müssen Sie sich auf das emotionale Problem konzentrieren, das Sie lösen möchten. Wenn du zum Beispiel durch eine bestimmte Situation gestresst bist, könntest du dich auf diese Situation konzentrieren, während du auf die Akupunkturpunkte klopfst.

Obwohl EFT oft als wirksame Methode zur Reduzierung von Stress und Angstzuständen angepriesen wird, gibt es wenig wissenschaftliche Beweise, um ihre Wirksamkeit zu unterstützen. Einige Studien deuten darauf hin, dass es hilfreich sein könnte, Stress- und Angstsymptome zu reduzieren, aber weitere Untersuchungen sind erforderlich, um diese Ergebnisse zu bestätigen.

Zusammenfassend lässt sich sagen, dass EFT eine alternative Methode ist, die für manche Menschen mit Stress und Angstzuständen hilfreich sein kann. Es ist jedoch wichtig, einen qualifizierten Arzt zu konsultieren, bevor Sie diese Technik ausprobieren, insbesondere wenn Sie zugrunde liegende psychische oder körperliche Gesundheitsprobleme haben.

So kann EFT Ihnen helfen, Stress zu überwinden:

- **Verstehen Sie Ihre Emotionen:** EFT ermöglicht es Ihnen, Emotionen zu identifizieren und zu verstehen, die Ihnen Stress verursachen.
- **Negative Gedanken verändern:** Indem du dich während der Punktestimulation auf positive Affirmationen konzentrierst, kannst du negative Gedanken, die zu Stress beitragen, ersetzen.
- **Reduzieren Sie die physiologische Aktivierung von Stress:** Die Stimulation der Akupunkturpunkte sendet Signale an das Gehirn, die helfen können, das Nervensystem zu beruhigen und Muskelverspannungen abzubauen.

Praktisches EFT-Merkblatt zum Abbau von Stress und Angstzuständen

1. Wählen Sie eine stressige Situation oder Emotion.
2. Bewerten Sie die Intensität Ihres Stresses auf einer Skala von 0 bis 10 (0 ist keine Intensität und 10 ist die maximale Intensität).
3. Formulieren Sie einen positiven Affirmationssatz, der Ihren Namen und die Akzeptanz der Emotion beinhaltet. **Zum Beispiel:** „Auch wenn ich diesen Stress spüre (nennen Sie es Emotion), akzeptiere ich mich und entscheide mich, mich besser zu fühlen."
4. Identifizieren Sie die Akupunkturpunkte, die stimuliert werden sollen (siehe vorheriges Bild).

5. Klopfen Sie sanft auf die Akupunkturpunkte, während Sie die positive Affirmation gleichzeitig mit dem Klopfen wiederholen.

Beginnen Sie mit der Augenbraue und enden Sie mit dem Handgelenk. Sie können jeden Punkt 3 bis 5 Mal klopfen.

6. Wiederholen Sie die Schritte 4 und 5, bis die Intensität Ihres Stresses nachlässt.

Tipps:

➢ Sie können ein Diagramm oder ein Video (Youtube) verwenden, um Akupunkturpunkte zu identifizieren.
➢ Wenn du Schwierigkeiten hast, dich auf die positive Affirmation zu konzentrieren, kannst du einfach den Namen der Emotion wiederholen.
➢ EFT kann alleine oder mit Hilfe eines Therapeuten durchgeführt werden.

EFT ist eine einfache und effektive Technik, mit der Sie Stress und Angst überwinden können. Durch regelmäßiges Üben von EFT können Sie Ihr emotionales und körperliches Wohlbefinden verbessern.

Denken Sie daran, dass die EFT keine medizinische oder psychologische Nachsorge ersetzt, wenn Ihr Stress chronisch oder intensiv ist.

Conclusion :

Idealerweise sollten die Menschen, wenn sie merken, dass etwas nicht stimmt, Maßnahmen ergreifen, um Situationen zu vermeiden, in denen sie sich unwohl fühlen. Leider ist es nicht immer möglich, den Ursprung des Leidens zu kontrollieren. Fast immer wenden sich die Menschen an einen Spezialisten, wenn der Schneeball bereits zur Krankheit geworden ist, und trotzdem *ziehen es viele vor, Medikamente zu nehmen und im gleichen Tempo weiterzumachen, anstatt die Ursache des Problems zu beseitigen, was mehr Arbeit erfordert.*

Zu lernen, mit Stress umzugehen, erfordert vor allem eine Bewertung des Lebens. Oft können Ärgerquellen bewältigt werden: früh losfahren, um Staus und die Angst vor Verspätung zu vermeiden, mit einem Kollegen sprechen, der nicht antwortet, wenn Sie ihn begrüßen, etc. Vernunft und Selbsterkenntnis können Ihnen zeigen, dass Sie öfter "Nein" sagen müssen oder sich zum Beispiel einen lohnenderen Job suchen. Aber es gibt Probleme, die hängen nicht nur von der Person ab.

Wann Hilfe anfordern?

Es ist oft notwendig, sich auf eine Hilfe zu verlassen, um zu lernen, wie man mit Stress umgeht. Wenn die Situation bereits Symptome von Angst oder Depression beinhaltet, oder wenn das Problem in der Persönlichkeit verankert zu sein scheint, kann ein Psychologe oder Psychiater hilfreich sein. Eine Änderung des Lebensstils ist auch von grundlegender Bedeutung, um die negativen Folgen von Stress zu vermeiden. Hier einige Empfehlungen.

> **Waldbad:** Die Praxis ist auch als Therapie in Japan indiziert, wo sie sich sogar einen eigenen Terminus verdient hat. Das „Waldbad" oder Shinrin-Yoku entstand in den 1980er Jahren als eine Form der psychologischen und physikalischen Therapie. Beim "Baden" geht es darum, Zeit im Wald zu verbringen und seine Atmosphäre zu genießen, um einen bestimmten Zustand des Wohlbefindens zu erreichen und sich wieder mit den Grünflächen des Landes zu verbinden. Mehrere Studien haben die Vorteile

der japanischen Praxis untersucht. Wissenschaftler haben herausgefunden, dass das „Waldbad" einen signifikanten Einfluss auf Ihr Immunsystem hat, indem es die sogenannten „natürlichen Killerzellen", eine Art von Lymphozyten, die für das Funktionieren des angeborenen Immunsystems notwendig sind, um 50% erhöht.

> **Ausgehen gegen Stress:** Langfristig kann die Natur den Stresspegel des Menschen spürbar senken. Studien haben gezeigt, dass die Exposition gegenüber Grünflächen einen signifikanten Einfluss auf den Cortisolspiegel im Speichel haben kann, der ein Stressmarker ist. Sogar Vogelgezwitscher oder Waldgeräusche können uns helfen. Andere haben gezeigt, dass die Exposition gegenüber Grünflächen mit einer Senkung des Blutdrucks und der Herzfrequenz verbunden ist, die einen signifikanten Einfluss auf das Risiko von Herzerkrankungen haben. Und es sind nicht nur die grünen Landschaften, die einen tiefgreifenden Einfluss auf unseren Körper und unser Gehirn haben - es scheint, dass sogar die Geräusche der Natur unsere Gehirnaktivität wirklich verändern können. Jedes Mal, wenn Sie die sanften Geräusche des Vogelgesangs oder eines Baches hören, zeigen Gehirn-MRTs, dass Ihre Aufmerksamkeit auf natürliche Weise nach außen gelenkt wird, Sie sind weniger in Ihre eigenen Gedanken involviert - und dies hilft, Ihren Stress und Ihre Angstzustände zu reduzieren.

> **Guter Schlaf:** Chronischer Schlafmangel erhöht nachweislich den Cortisolspiegel. Kein Wunder, dass die Menschen ohne guten Schlaf reaktionsfreudiger, irritierter werden und mehr essen. Eine klar definierte Routine zu haben, sich abends mit Bädern und Selbstmassagen zu entspannen sowie elektronische Geräte mindestens eine Stunde vor dem Einschlafen auszuschalten, sind Tipps, um Schlaflosigkeit zu vermeiden.

> **Regelmässige Bewegung:** Bewegung regt die Produktion von Endorphinen an, die das Wohlbefinden, den Schlaf und die Entspannung fördern und somit ein Schutzschild gegen die Auswirkungen von Stress sind. Darüber hinaus hilft Bewegung, Ärger und Frustration zu kanalisieren, was therapeutisch ist. Ein einfacher Spaziergang kann in angespannten Momenten Abhilfe schaffen. Schließlich verbessert die Ausübung einer Aktivität oder eines Sports das Selbstwertgefühl und das Gefühl der Selbstfürsorge, was auch bei Widrigkeiten den Unterschied ausmacht.

- ➤ **Essen Sie ausgewogen:** Viele Menschen essen hastig und verbringen viele Stunden auf nüchternen Magen, und die Symptome einer Hypoglykämie können mit Angstzuständen verwechselt werden. Stimulanzien wie Koffein und überschüssiger Zucker können ebenfalls das Wohlbefinden beeinträchtigen.
- ➤ **Beobachten Sie Ihre Abhängigkeiten:** Es ist üblich, Alkohol oder Drogen als Form der Selbstmedikation in Zeiten der Überlastung zu verwenden, was nur zu neuen Problemen führen wird. Wenn Sie das Gefühl haben, zu viel zu tun, bitten Sie um Hilfe.
- ➤ **Unterstützung haben:** Es ist wichtig, eine Vertrauensperson zu haben, sei es ein Freund, ein Verwandter, ein spiritueller Berater oder ein Therapeut. Studien zufolge hilft es, einfach zu wissen, dass man mit jemandem sprechen kann, auch wenn man ihn nicht um Hilfe bittet.
- ➤ **Üben Sie die Bauchatmung:** Die Zwerchfellatmung ist für Babys natürlich, aber mit den Jahren beginnt man nur mit dem Brustkorb zu atmen, was nicht immer ausreicht, um das Gehirn mit Sauerstoff zu versorgen. Diese Grundhaltung ist der Ausgangspunkt für fast alle Entspannungstechniken, denn sie bringt wirklich Ergebnisse.
- ➤ **Integrieren Sie Spaß in Ihre Routine**: Mittagessen mit Freunden, gute Filme schauen, im Park spazieren gehen, Sex haben, ein Haustier kuscheln, ein Hobby ausüben... jeder hat seine eigene Art, Wohlbefinden zu kultivieren. Diese Aktivitäten müssen in schwierigen Zeiten vorhanden sein. Wenn Sie die Fähigkeit verloren haben, Freude zu empfinden, suchen Sie Hilfe bei einem Psychologen oder Psychiater.
- ➤ **Meditieren:** Mehrere Studien belegen die Auswirkungen verschiedener Meditationstechniken auf das Stressmanagement. Einer der Vorteile dieser Praktiken besteht darin, zu lernen, mit den eigenen Gedanken und Empfindungen losgelöst umzugehen, was die Selbstkontrolle erhöht.
- ➤ **Suchen Sie Hilfe:** Entspannungstechniken, Biofeedback, Neurobiofeedback, Akupunktur, Tanz, Selbsthilfegruppen sowie die Pflege einer Lebensphilosophie sind Massnahmen, die Ihre Beziehung zu stressigen Reizen verbessern können.

Vielen Dank für Ihre Lektüre und viel Glück ☺